增一阿含经

中国佛学经典宝藏

3

耿　敬 释译

星云大师总监修

人民东方出版传媒

东方出版社

总序

星云

　　自读首楞严，从此不尝人间糟糠味；
　　认识华严经，方知已是佛法富贵人。

　　诚然，佛教三藏十二部经有如暗夜之灯炬、苦海之宝筏，为人生带来光明与幸福，古德这首诗偈可说一语道尽行者阅藏慕道、顶戴感恩的心情！可惜佛教经典因为卷帙浩瀚、古文艰涩，常使忙碌的现代人有义理远隔、望而生畏之憾，因此多少年来，我一直想编纂一套白话佛典，以使法雨均沾，普利十方。

　　一九九一年，这个心愿总算有了眉目。是年，佛光山在中国大陆广州市召开"白话佛经编纂会议"，将该套丛书定名为《中国佛教经典宝藏》①。后来几经集思广

――――――――――

　　① 编者注：《中国佛教经典宝藏》丛书，大陆出版时改为《中国佛学经典宝藏》丛书。

益，大家决定其所呈现的风格应该具备下列四项要点：

一、启发思想：全套《中国佛教经典宝藏》共计百余册，依大乘、小乘、禅、净、密等性质编号排序，所选经典均具三点特色：

1. 历史意义的深远性
2. 中国文化的影响性
3. 人间佛教的理念性

二、通顺易懂：每册书均设有原典、注释、译文等单元，其中文句铺排力求流畅通顺，遣词用字力求深入浅出，期使读者能一目了然，契入妙谛。

三、文简意赅：以专章解析每部经的全貌，并且搜罗重要的章句，介绍该经的精神所在，俾使读者对每部经义都能透彻了解，并且免于以偏概全之谬误。

四、雅俗共赏：《中国佛教经典宝藏》虽是白话佛典，但亦兼具通俗文艺与学术价值，以达到雅俗共赏、三根普被的效果，所以每册书均以题解、源流、解说等章节，阐述经文的时代背景、影响价值及在佛教历史和思想演变上的地位角色。

兹值佛光山开山三十周年，诸方贤圣齐来庆祝，历经五载、集二百余人心血结晶的百余册《中国佛教经典宝藏》也于此时隆重推出，可谓意义非凡，论其成就，则有四点可与大家共同分享：

一、佛教史上的开创之举：民国以来的白话佛经翻译虽然很多，但都是法师或居士个人的开示讲稿或零星的研究心得，由于缺乏整体性的计划，读者也不易窥探佛法之堂奥。有鉴于此，《中国佛教经典宝藏》丛书突破窠臼，将古来经律论中之重要著作，做有系统的整理，为佛典翻译史写下新页！

二、杰出学者的集体创作：《中国佛教经典宝藏》丛书结合中国大陆北京、南京各地名校的百位教授、学者通力撰稿，其中博士学位者占百分之八十，其他均拥有硕士学位，在当今出版界各种读物中难得一见。

三、两岸佛学的交流互动：《中国佛教经典宝藏》撰述大部分由大陆饱学能文之教授负责，并搜录台湾教界大德和居士们的论著，借此衔接两岸佛学，使有互动的因缘。编审部分则由台湾和大陆学有专精之学者从事，不仅对中国大陆研究佛学风气具有带动启发之作用，对于台海两岸佛学交流更是帮助良多。

四、白话佛典的精华集萃：《中国佛教经典宝藏》将佛典里具有思想性、启发性、教育性、人间性的章节做重点式的集萃整理，有别于坊间一般"照本翻译"的白话佛典，使读者能充分享受"深入经藏，智慧如海"的法喜。

今《中国佛教经典宝藏》付梓在即，吾欣然为之作序，并借此感谢慈惠、依空等人百忙之中，指导编修；吉广舆等人奔走两岸，穿针引线；以及王志远、赖永海等大陆教授的辛勤撰述；刘国香、陈慧剑等台湾学者的周详审核；满济、永应等"宝藏小组"人员的汇编印行。由于他们的同心协力，使得这项伟大的事业得以不负众望，功竟圆成！

《中国佛教经典宝藏》虽说是大家精心擘划、全力以赴的巨作，但经义深邃，实难尽备；法海浩瀚，亦恐有遗珠之憾；加以时代之动乱，文化之激荡，学者教授于契合佛心，或有差距之处。凡此失漏必然甚多，星云谨以愚诚，祈求诸方大德不吝指正，是所至祷。

一九九六年五月十六日于佛光山

原版序
敲门处处有人应

慈惠

《中国佛教经典宝藏》是佛光山继《佛光大藏经》之后，推展人间佛教的百册丛书，以将传统《大藏经》精华化、白话化、现代化为宗旨，力求佛经宝藏再现今世，以通俗亲切的面貌，温渥现代人的心灵。

佛光山开山三十年以来，家师星云上人致力推展人间佛教，不遗余力，各种文化、教育事业蓬勃创办，全世界弘法度化之道场应机兴建，蔚为中国现代佛教之新气象。这一套白话精华大藏经，亦是大师弘教传法的深心悲愿之一。从开始构想、擘划到广州会议落实，无不出自大师高瞻远瞩之眼光，从逐年组稿到编辑出版，幸赖大师无限关注支持，乃有这一套现代白话之大藏经问世。

这是一套多层次、多角度、全方位反映传统佛教文化的丛书，取其精华，舍其艰涩，希望既能将《大藏经》

深睿的奥义妙法再现今世，也能为现代人提供学佛求法的方便舟筏。我们祈望《中国佛教经典宝藏》具有四种功用：

一、是传统佛典的精华书

中国佛教典籍汗牛充栋，一套《大藏经》就有九千余卷，穷年皓首都研读不完，无从赈济现代人的枯槁心灵。《宝藏》希望是一滴浓缩的法水，既不失《大藏经》的法味，又能有稍浸即润的方便，所以选择了取精用弘的摘引方式，以舍弃庞杂的枝节。由于执笔学者各有不同的取舍角度，其间难免有所缺失，谨请十方仁者鉴谅。

二、是深入浅出的工具书

现代人离古愈远，愈缺乏解读古籍的能力，往往视《大藏经》为艰涩难懂之天书，明知其中有汪洋浩瀚之生命智慧，亦只能望洋兴叹，欲渡无舟。《宝藏》希望是一艘现代化的舟筏，以通俗浅显的白话文字，提供读者遨游佛法义海的工具。应邀执笔的学者虽然多具佛学素养，但大陆对白话写作之领会角度不同，表达方式与台湾有相当差距，造成编写过程中对深厚佛学素养与流畅白话语言不易兼顾的困扰，两全为难。

三、是学佛入门的指引书

佛教经典有八万四千法门，门门可以深入，门门是无限宽广的证悟途径，可惜缺乏大众化的入门导览，不易寻觅捷径。《宝藏》希望是一支指引方向的路标，协助十方大众深入经藏，从先贤的智慧中汲取养分，成就无上的人生福泽。

四、是解深入密的参考书

佛陀遗教不仅是亚洲人民的精神归依，也是世界众生的心灵宝藏。可惜经文古奥，缺乏现代化传播，一旦庞大经藏沦为学术研究之训诂工具，佛教如何能扎根于民间？如何普济僧俗两众？我们希望《宝藏》是百粒芥子，稍稍显现一些须弥山的法相，使读者由浅入深，略窥三昧法要。各书对经藏之解读诠释角度或有不足，我们开拓白话经藏的心意却是虔诚的，若能引领读者进一步深研三藏教理，则是我们的衷心微愿。

大陆版序一

(手写签名)

　　《中国佛教经典宝藏》是一套对主要佛教经典进行精选、注译、经义阐释、源流梳理、学术价值分析，并把它们翻译成现代白话文的大型佛学丛书，成书于二十世纪九十年代，由台湾佛光文化事业有限公司出版，星云大师担任总监修，由大陆的杜继文、方立天以及台湾的星云大师、圣严法师等两岸百余位知名学者、法师共同编撰完成。十几年来，这套丛书在两岸的学术界和佛教界产生了巨大的影响，对研究、弘扬作为中国传统文化重要组成部分的佛教文化，推动两岸的文化学术交流发挥了十分重要的作用。

　　《中国佛学经典宝藏》则是《中国佛教经典宝藏》的简体字修订版。之所以要出版这套丛书，主要基于以下的考虑：

　　首先，佛教有三藏十二部经、八万四千法门，典籍浩瀚，博大精深，即便是专业研究者，穷其一生之精力，恐也难阅尽所有经典，因此之故，有"精选"之举。

其次，佛教源于印度，汉传佛教的经论多译自梵语；加之，代有译人，版本众多，或随音，或意译，同一经文，往往表述各异。究竟哪一种版本更契合读者根机？哪一个注疏对读者理解经论大意更有助益？编撰者除了标明所依据版本外，对各部经论之版本和注疏源流也进行了系统的梳理。

再次，佛典名相繁复，义理艰深，即便识得其文其字，文字背后的义理，诚非一望便知。为此，注译者特地对诸多冷僻文字和艰涩名相，进行了力所能及的注解和阐析，并把所选经文全部翻译成现代汉语。希望这些注译，能成为修习者得月之手指、渡河之舟楫。

最后，研习经论，旨在借教悟宗、识义得意。为了将其思想义理和现当代价值揭示出来，编撰者对各部经论的篇章品目、思想脉络、义理蕴涵、学术价值等所做的发掘和剖析，真可谓殚精竭虑、苦心孤诣！当然，佛理幽深，欲入其堂奥、得其真义，诚非易事！我们不敢奢求对于各部经论的解读都能鞭辟入里，字字珠玑，但希望能对读者的理解经义有所启迪！

习近平主席最近指出："佛教产生于古代印度，但传入中国后，经过长期演化，佛教同中国儒家文化和道家

《中国佛学经典宝藏》目录

手机淘宝
扫一扫

深入经藏，智慧如海。

本套佛学经典适合系统的修习、诵读和佛堂珍藏。

咨询电话：尤冲 010-8592 4661

文化融合发展，最终形成了具有中国特色的佛教文化，给中国人的宗教信仰、哲学观念、文学艺术、礼仪习俗等留下了深刻影响。"如何去研究、传承和弘扬优秀佛教文化，是摆在我们面前的一个重要课题，人民东方出版传媒有限公司拟对繁体字版的《中国佛教经典宝藏》进行修订，并出版简体字版的《中国佛学经典宝藏》，随喜赞叹，寥寄数语，以叙因缘，是为序。

二〇一六年春于南京大学

大陆版序二

依空

　　身材高大、肤色白皙、擅长军事的亚利安人，在公元前四千五百多年从中亚攻入西北印度，把当地土著征服之后，为了彻底统治这里的人民，建立了牢不可破的种姓制度，创造了无数的神祇，主要有创造神梵天、破坏神湿婆、保护神毗婆奴。人们的祸福由梵天决定，为了取悦梵天大神，需要透过婆罗门来沟通，因为他们是从梵天的口舌之中生出，懂得梵天的语言——繁复深奥的梵文，婆罗门阶级是宗教祭祀师，负责教育，更掌控了神与人之间往来的话语权。四种姓中最重要的是刹帝利，举凡国家的政治、经济、军事、文化等等都由他们实际操作，属贵族阶级，由梵天的胸部生出。吠舍则是士农工商的平民百姓，由梵天的膝盖以上生出。首陀罗则是被踩在梵天脚下的土著。前三者可以轮回，纵然几世轮转都无法脱离原来种姓，称为再生族；首陀罗则连轮回的因缘都没有，为不生族，生生世世为首陀罗，子孙也倒霉跟着宿命，无法改变身份。相对于此，贱民比首陀罗更为卑微、低贱，连四种姓都无法跻身其中，只能从事挑粪、焚化尸体等最卑贱、龌龊的工作。

出身于高贵种姓释迦族的悉达多太子，为了打破种姓制度的桎梏，舍弃既有的优越族姓，主张一切众生皆平等，成正等觉，创立了佛教僧团。为了贯彻佛教的平等思想，佛陀不仅先度首陀罗身份的优婆离出家，后度释迦族的七王子，先入山门为师兄，树立僧团伦理制度。佛陀更严禁弟子们用贵族的语言——梵文宣讲佛法，而以人民容易理解的地方口语来演说法义，这就是巴利文经典的滥觞。佛陀认为真理不应该是属于少数贵族、知识分子的专利或装饰，而应该更贴近普罗大众，属于平民百姓共有共知。原来佛陀早就在推动佛法的普遍化、大众化、白话化的伟大工作。

佛教从西汉哀帝末年传入中国，历经东汉、魏晋南北朝、隋唐的漫长艰巨的译经过程，加上历代各宗派祖师的著作，积累了庞博浩瀚的汉传佛教典籍。这些经论义理深奥隐晦，加以书写的语言文字为千年以前的古汉文，增加现代人阅读的困难，只能望着汗牛充栋的三藏十二部扼腕慨叹，裹足不前。

如何让大众轻松深入佛法大海，直探佛陀本怀？佛光山开山宗长星云大师乃发起编纂《中国佛教经典宝藏》。一九九一年，先在大陆广州召开"白话佛经编纂会议"，订定一百本的经论种类、编写体例、字数等事项，礼聘中国社科院的王志远教授、南京大学的赖永海教授分别为中国大陆北方与南方的总联络人，邀请大陆各大学的佛教学者撰文，后来增加台湾部分的三十二本，是为一百三十二册的《中国佛教经典宝藏精选白话版》，于一九九七年，作为佛光山开山三十周年的献礼，隆重出版。

六七年间我个人参与最初的筹划，多次奔波往来于大陆与台湾，小心谨慎带回作者原稿，印刷出版、营销推广。看到它成为佛教徒家中的传家宝藏，有心了解佛学的莘莘学子的入门指南书，为星云大师监修此部宝藏的愿心深感赞叹，既上契佛陀"佛法不舍一众"的慈悲本怀，更下启人间佛教"普世益人"的平等精神。尤其可喜者，欣闻现大陆出版方东方出版社潘少平总裁、彭明哲副总编亲自担纲筹划，组织资深编辑精校精勘；更有旅美企业家鲁彼德先生事业有成之际，秉"十方来，十方去，共成十方事"之襟怀，促成简体字版《中国佛学经典宝藏》的刊行。今付梓在即，是为序，以表随喜祝贺之忱！

二〇一六年元月

目　录

题

解

阿含，是梵文 Agama 的音译，亦作阿鋡、阿含暮、阿伽摩、阿笈摩，译言法归，意为万法所归趣。亦言无比法，意为最上无比之妙法。亦言教、传等，意为辗转传来以法相教授。总之，为传承的教说，或结集教说的经典，本为佛经总名，今只为小乘诸经总称。实际上，是耆那教先将经典称作悉昙多或阿含，后为佛教引来使用。

增一阿含，是梵语 Ekottarikāgama 的汉、梵及义、音合译而成。Ekottarikā（Eka-uttarikā）字义为"增加一个（数目）"，Āgama 字义为"传来的圣教"或是"传来的圣教集"，两字合称就是：传来的圣教以"法数"汇集，从一法逐次增一（至十一法）。

为了方便忆念，易于持诵，以增一法数持诵佛法，早在佛世时已通行，称为"一问、一说、一记论……乃至十问、十说、十记论"，为外道所不能说、不能答。

佛陀入灭后不久，其弟子为巩固教团和推进传教事业，以迦叶为上首由五百大罗汉而举行第一次结集，共同审定由阿难忆诵的法、由优婆离忆诵的律。这些经律最初并未形成文字，而是以口头传承方式流传世间。为便于记忆传诵，佛经在传承过程中按内容和形式被分为九分教或十二分教。据化传《五分律》《四分律》《摩诃僧祇律》及《增一阿含》的《序品》看，原型《增一阿含经》是在公元前四、三世纪佛教分裂为部派以前，由佛教学者按佛经篇幅的长短及其内容编纂而成，而且可能是四部阿含中最后编纂成的。为了防止诤讼，使法久存，佛陀弟子们在早期就曾以增一法结集经典使之流行，《增一阿含》即以五分教成立的《相应阿含》为本，依"本事经"（"如是语"）的增一法，加上本生、譬喻、因缘扩编而成。

在部派佛教时期，《增一阿含经》与《杂阿含经》《长阿含经》《中阿含经》一起，被各部派不断加以改变，各部派依原有的"四部阿含"继续作不同的审定、改组、结集、传诵，形成各部派所特有的阿含，因此，《增一阿含》也就有了上座、大众、有部、正量、化地、法藏和饮光诸部的不同诵本。如流传至今的大众部《增一阿含经》（共四七二经）与铜鍱部《增支部》（共二二九一经），两部经典虽同为集一法至十一法，但其经数有着相当大的差异，其相当的经或类似的经只有一五三经。化地部、法藏部也同为集一法至十一法，说一切有部却是集至十法。由此可知，现存南北两传《增一阿含》（《增支尼柯耶》），决不是原型《增一阿含》，而是经过了各部派编改而成的《增一阿含》。

现传《增一（支）阿含经》，约有南传巴利语、汉语、满语、蒙古语、英语、德语等语本。其中英、德语本是基于巴利语本译出，满、蒙语本是基于汉语本而译出。在巴、汉译本中，巴利《增支尼柯耶》属上座分别说部，汉译《增一阿含经》属大众部所传，或是其一派（即大众末派）所传。

最早在中国流传的《增一阿含经》是单品经。中国译经，最初所译为法句类，即将经中语节要抄录之书。如东汉时传译的《四十二章经》就属法句类，是辑录《阿含经》要点的经钞。其中也反映出《增一阿含经》的内容。如《四十二章经》第三十章见于《增一阿含经》卷二十五《五王品》之四、卷二十七《邪聚品》、卷四十九《非常品》之三，第三十二章见于《增一阿含经》卷二十五《五王品》之三，第三十三章见于《增一阿含经》卷十三。

中国译经，在法句类之后是分译阿含小品，诸品本目独立成篇。东汉末年，安世高所译《杂经四十四篇》《婆罗门避死经》一卷即出自《增一阿含经》，此后又有吴支谦所译《须摩提女经》一卷，西晋法炬所译《波斯匿王太后崩尘土坌身经》一卷、《频毗娑罗王诣佛供养经》一卷、《鸯崛髻经》一卷，东晋法正《戒德香经》一卷、《四泥犁经》一卷、《国王不梨先泥十梦经》一卷，亦皆出自《增一阿含经》。直至全本《增一阿含经》译出后，尚有单品经不断译出，据经录所载，止于宋代共有三十一种之多。不过这些单品经到底属于哪个部派所传承，现已难以确定。

汉译全本《增一阿含经》是兜佉勒（Tukhāra）国沙门昙摩难提（Dharmanandi）于苻秦建元二十年（公元三八四年）在长安（今陕西省西安市），首先暗诵而出，佛念译传，昙嵩笔受，道安、法和共考正，僧䂮、僧茂助校。此译本五十卷（一说四十一卷），流传不广，久已佚失。

东晋隆安元年（公元三九七年）罽宾（Kaśmīra）人瞿昙僧伽提婆（Gotama Saṃghadeva）于洛阳译改，竺道祖笔受。此译本为五十一卷，仅为译改，而非重出或重译，所以此译本与难提本略有小异。两译在唐·武周时"二本俱存"，至唐开元间则"两译一阙"，提婆译本有存，难提译本佚失。此后各版大藏经所收录的皆属僧伽提婆译本，现所依据的佛光版本亦属提婆译本。

佛光版《增一阿含经》系以号称精本的《海印寺版高丽大藏经》为底本，再对勘《碛砂藏》（即南宋延圣院版大藏经）《频伽藏》（即上海《频伽精舍校刊大藏经》）、《卍正藏》（即《大日本校订训点大藏经》）、大正本（即日本《大正新修大藏经》）等各版大藏经，异同并比，互补遗阙，并采用大正本对各种古版藏经的校勘部分。

《增一阿含经》与杂、中、长三部阿含同为原始佛教及部派佛教时代所公认的圣典，虽然有些内容受部派以至大乘或后世社会影响而进行过增删、补改，但在现存浩繁的佛经中比较真实反映早期佛教基本教义的只有《阿含经》。《增一阿含经》就是以较为朴素、简洁、形象的语言介绍了释迦牟尼早期传教的情况和早期佛教四谛、五蕴、四念处、缘起、三十七道品等基本教义，阐述了出家僧尼的戒律及对在家信徒修行的规定，并随顺世人的根机，由各方面而说一法，以各种因缘故事劝化人们去恶向善，趣于涅槃。

《增一阿含经》与杂、中、长三部阿含都曾经历过部派时期各部派的改编、增补，因此四部阿含亦带上了各部派及其继承者的思想色彩，但同样又不同程度地记述了释迦牟尼时代的史实，若依据现存各部派不同诵本的《增一（支）阿含》及其单品经，进行综合地比较分析研究，就能较为真实地反映出早期佛教创立和发展的概况。

《增一阿含经》保存着不少早期佛教曲折发展的珍贵资料。佛教的创立是建立在反婆罗门种姓阶级制度基础之上的，随着反婆罗门思潮的兴起，古印度社会出现了许多不同的思想派别，称为九十六外道。这些外道与佛教虽同是反婆罗门的；但其在思想上与佛教存在着矛盾和分歧，《增一阿含经》对这些分歧和矛盾的情况是有所反映的。同时，在佛教的发展过程中，其自身内部也存在着矛盾与争论，如释迦牟尼与提婆达多的分化和冲突，在《增一阿含经》中就有较为全面地反映。

《增一阿含经》还有不少关于古印度社会历史的宝贵资料。比如早期佛教的平等观。在种姓制度盛行的印度，随着社会的发展，在刹帝利政治权力强大与吠舍经济势力雄厚的前提下，释迦牟尼以宗教形式提出了新的种姓说，打破婆罗门第一的传统社会观念。并进一步提出四姓平等的主张（参见《增一阿含经》卷二十一），认为四姓在善恶报应、生死轮回方面是平等的。即使生于卑姓家或从事鄙业之人，如能做善行，死后可生到天界或转生富贵之家；而生于富贵家的刹帝利、婆罗门，若有恶行，死后也将转生恶趣之中，或转生到贫贱之家。

此外，四姓之人出家为僧，在教团内一律平等。《增一阿含经》卷二十一说："四大河入海已，无复本名字，但名为海。此亦如是，有四姓。云何为四？刹利、婆罗门、长者、居士种，于如来所，剃除须发，着三法衣，出家学道，无复本姓，但言沙门释迦子。"四姓之人同样皆有出家修行之权利。

因此，对北传《增一阿含经》和南传佛教《增支部》及各种语本的单品经进行综合考察研究，不仅可以了解早期佛教思想，还有助于了解古印度社会历史概貌，这具有十分重要的学术价值。

《增一阿含经》不仅反映了早期佛教的基本思想，同时还反映出从早期佛教到部派佛教直至大乘佛教的发展脉络。这也是《增一阿含经》与其他三部阿含相比较，最为独特的宗教价值。部派时代，不同部派的《增一（支）阿含》共同根据原始的诵本作新的编集，在留传至今的巴利语本、梵语单经、汉译本及单经、西藏译单经等和其他零散资料中，我们可以看到大众部或大众部末派、铜鍱部、化地部、法藏部、说一切有部等部派都曾编集过《增一阿含经》，若能以现存这些资料互相对照参考，也可以看出不同部派对佛法法义的异同及编集旨趣。

《增一阿含经》编集之时，尤其是大众部《增一阿含经》编集之时，正逢法相组织的发达时代，为欲增加佛教特有的法相，为欲使人忆持不忘起见，竟以逐次由加一而排列出来的方式，来编纂《增一阿含经》，这不仅使之趣向于理论化倾向，更使之增加了思辨的特点，同时，还带有浓厚的大乘色彩。

大乘的佛土思想就是最先由《增一阿含经》所反映。佛土在经论中有时也叫佛刹、佛界、佛国、净刹、净界、净国、净土等。随着大乘教义的开展，佛不仅在本世界有，而且在十方世界都有。

《增一阿含经》有着不少大乘的用语和说法，如"菩萨""菩萨发意趣大乘""四等六度""方等大乘义""菩萨心""无上正真之道""肉身虽取灭度，法身存在"以及"夫阿罗汉者，终不还舍法服习白衣行"等等，这些充分体现了大乘的菩萨观、法身观，而且还阐述了阿罗汉不退转义。

《增一阿含经》不像《杂阿含经》依"相应"、《中阿含经》依"品"《长阿含经》依"分"进行有机的编排，使同一"相应"、同一"品"、同一"分"的各经主旨相同或相关。而《增一阿含经》除了"一法"之外，仅依"法数"类集，约每十经成一品，依每品第一经的主题作为品名，同品各经各自独立，并无经义关联。所以很难全部依品进行叙述。因此，我们这里节选的标准只能依《增一阿含经》的编集方针及其内容而定。

《增一阿含经》的编集方针：首先依法数增一，相次汇集，便于持诵，忆念不忘，亦便于教化，以防诤讼。其次是以教化弟子启发世、出世善，"满足希求"，"为人（生善）悉檀"为主。

依此方针，《增一阿含经》集出如下内容：

（1）早期佛教的基本教义，如缘起、四谛、四念处、三十七道品等。

（2）释尊"本生"，先佛为释尊的"预记"以及释尊为弟子"授记"，释尊降魔、成佛、初转法轮、度三迦叶、度父母、驱恶鬼邪神、入涅槃等众多"譬喻"。

（3）诸弟子的"本事"，"记说"德行第一的弟子行谊。

（4）制律"因缘"和"戒经"之义等。

除此之外，大众部《增一阿含经》所具有的大乘特点：

（1）公元前二世纪，"菩萨道形成"，在《增一阿含经》里，记录种种菩萨意义的演化。

（2）佛法后期适应世间，佛陀观有神化、梵化的倾向，为匡正而再次强调"佛世尊皆出人间，非由天而得也"，"我（佛）今亦是人数"。

（3）空义的发扬。

（4）他方佛土思想的出现。

（5）书写、供养经典（法宝）的提倡。

因此，本经节选的原则是既能反映早期佛教的教义及精神，又可突出本经浓厚的大乘色彩。

在此原则基础上，本经的节选打破原有的依品或依法数进行叙述的方式，而是重新按主旨归类，共为十类，每一类下节选一经或旨趣相同的数经。这十类为：（一）序品，（二）如来出世，（三）缘起经，（四）四念处经，（五）四谛经，（六）三十七道品，（七）大乘菩萨，（八）空义的宣扬，（九）佛土思想，（十）佛出人间。其中，如来出世、缘起经、四念处经、四谛经、三十七道品反映了早期佛教的基本教义及精神，而大乘菩萨、空义的宣扬、佛土思想、佛出人间则体现了本经的大乘色彩。节选序品是因为序品叙述了结集经典的因由，以及结集《增一阿含经》的方法及目的，还解说了菩萨的发心与六度行法等。

《增一阿含经》全经共五十二品，四百七十二经。即：一、序品；二、一法，有十三品，一百零九经；三、二法，有六品，六十五经；四、三法，有四品，四十经；五、四法，有七品，六十一经；六、五法，有五品，四十七经；七、六法，有二品，二十二经；八、七法，有三品，二十五经；九、八法，有二品，二十经；十、九法，有二品，十八经；十一、十法，有三品，二十六经；十二、十一法，有四品，三十九经。这里节选的只是其中极少的一部分，而未选部分的内容也因编排形式的原因而无法进行全面的叙述。

《增一阿含经》的译者主要是昙摩难提与僧伽提婆。昙摩难提进行了第一译，僧伽提婆在其基础上又进行了译改，最终完成现存《增一阿含经》的汉语翻译工作。

昙摩难提，译为法喜，生卒不详。为兜佉勒国人，年少即出家学道，聪慧夙成，曾遍阅三藏。苻秦建元年间（公元三六五一三八四年）到长安，与道安、竺佛念等共同译出《中阿含经》《增一阿含经》及《阿毗昙心论》等一百零六卷，后来因姚苌入寇关内，便辞还西域，不知所终。

在《增一阿含经》第一次翻译过程中，还有一位必须提及的重要人物就是道安。

道安（公元三一四—三八五年），俗姓卫，东晋常山扶柳（今属河北省）人，以"弥天释道安"著称于世，幼年失怙，十二岁剃发出家，受具足戒后游学四方。曾受学于佛图澄、竺法济、支昙、竺僧辅等。善于论辩，并对般若经及禅观等造诣甚深，注释颇多。苻秦时代的译业，实由其主持，网罗学僧，组织译场，与外国沙门昙摩难提、僧伽跋澄等，创译《中阿含经》《增一阿含经》及《阿毗昙心论》，达百余万言，又与法和诠定音字，详核文旨，校正诸经。还著有《综理众经目录》《光赞折中解》《大十二门注》《小十二门注》《安般守意经解》等。对中国佛教而言，无论在经典注释、经典目录、翻译经论，乃至佛教仪式、行规、礼忏、礼仪等方面，道安都是开拓者。

僧伽提婆，译为众天，或为提和。为罽宾国沙门，学通三藏，苻秦建元年间来到长安，后渡江。于建元年间译出的《阿毗昙心论》《增一阿含经》，因遭慕容之难，未善详悉，义旨句味往往不尽，道安圆寂，未及厘正。提婆与沙门法和一起前往洛阳，四五年间研讲诸经，待通晓汉语后，方知先前所译各经多有乖失。太元年间（公元三七六—三九六年）提婆于般若台手执梵文，口宣晋语，去华存实，务尽义本。提婆是健驮罗系的有部学者，所译《阿毗昙心论》《三法度论》等多属有部。

经典

1　序品

原典

序品①

自归能仁②第七仙③，演说贤圣无上轨④；

永在生死长流河，世尊⑤今为度⑥黎庶。

尊长迦叶⑦及圣众⑧，贤哲阿难⑨无量⑩闻；

善逝⑪泥曰⑫供舍利⑬，从拘夷⑭国至摩揭⑮。

迦叶端思行四等⑯，此众生⑰类坠五道⑱；

正觉⑲演道今去世，忆尊巧训怀悲泣。

迦叶思维⑳正法㉑本，云何流布久在世？

最尊㉒种种吐言教，总持㉓怀抱不漏失。

谁有此力集众法，在在处处㉔因缘㉕本？

今此众中智慧士，阿难贤善无量闻。

注释

①**序品**：叙说（一）结集经典的因由。（二）解说菩萨的发心与六度的行法。（三）结集《增一阿含》包含三乘教化，天龙八部发心护持，弥勒大士告嘱贤劫中诸菩萨等，讽诵受持增一尊法，使广演流布。（四）阿难以《增一阿含》付嘱优多罗，因优多罗已连续为七佛奉持"增一法"，并叙说优多罗的本生事迹。这里节选了其中的前三部分。

②**能仁**：释迦牟尼（Śākyamuni）之意译，为释尊出身的族名。亦译能寂。

③**第七仙**：释迦如来的别号。释迦为过去七佛的第七位，具长生不死之德，故云第七仙。古印度人尊称佛陀为仙人。

④**无上轨**：至高无上的轨范仪则。

⑤**世尊**：梵语曰路迦那他（Lokanātha），译为世尊，或薄伽婆（Bhagavā），译为世尊。佛的十尊号之一。因佛具万德为世间众生所尊重，又有于世独尊之意。

⑥**度**：即渡。生死如海，自渡生死海又渡他人，谓之度。

⑦**迦叶**：Kassapa，又作摩诃迦叶（Mahākassapa），为佛十大弟子之一，少欲知足，喜持头陀行，以头陀第一著称。身有金光，映蔽余光使不现，故亦名饮光。于灵山会上，受佛正法眼藏，传佛心印，为禅宗初祖。遵佛嘱于鸡足山入灭尽定，待弥勒佛出世时，传佛伽梨衣。为第一次结集经、律的上首比丘。

⑧**圣众**：指声闻、缘觉、菩萨、佛等圣者和人众。

⑨**阿难**：Ānanda，又作阿难陀，华译庆喜，为白饭王之子，提婆达多之弟，释尊之从弟，生于释尊成道之夜，后随释尊出家，侍佛二十五年，为佛执事弟子，以多闻第一著称。

⑩**无量**：数目之名，意谓数量广大而不可计量。

⑪**善逝**：Sugata，佛的十尊号之一。善是好，逝是去，佛修正道，达涅槃彼岸，向好的去处而去，故号善逝。

⑫**泥曰**：又作涅槃、泥洹。华译圆寂，圆是圆满一切智德，寂是寂灭一切惑业。又译灭度，灭是灭见思、尘沙、无明三种惑，度是度分段、变易两种生死。即灭尽贪、嗔、痴一切烦恼，解脱内外系缚的状态或境界。又是不生不灭的意思。

⑬**舍利**：又作设利罗，译为遗身、身骨。佛、菩萨、罗汉、高僧等，寂后火化，每凝结有舍利，或如珠，

或如花，白色为骨舍利，赤色为血肉舍利，黑色为发舍利，亦有杂色者，则系综合所成，此是生前依戒定慧薰修而得。无量功德所成，若是佛舍利，世间无物能坏损，菩萨以次，则坚度递减。此处指佛陀的遗骸。

⑭拘夷：Kusinārā，又作拘尸那罗，位于东印度，为末罗（Malla）族的都城，释尊于此城入般涅槃。

⑮摩揭：Magadha，又作摩揭陀，佛陀在世时印度十六大国之一，位于中印度迦毗罗卫国之南，拘萨罗国东南，首都王舍城，为当时印度政治、经济、文化中心。

⑯四等：又作四等心、四无量心，即佛菩萨的慈、悲、喜、舍四德。此四心普缘无量众生，引无量福，感无量果，故名无量心；又平等利益一切众生，故名等心。慈即予乐，悲即拔苦，喜即随喜，舍即等护。

⑰众生：即有情，指一切有情识的生物。集众生缘所生，名为众生；又历经众多生死，名为众生；十法界中，除佛之外，九界有情，皆名众生。

⑱五道：又作五趣，即地狱、饿鬼、畜生、人、天，此五道众生，处生死轮回中，受无量苦。

⑲正觉：又作等正觉、正尽觉、无上等正觉，即平等觉知一切真理的无上智慧。

⑳思维：即思考。思量所对之境而进行分别。

㉑正法：指真正之法，亦即佛陀所说之教法。又作

白法、净法，或称妙法。凡契当于佛法正理之法，皆称正法，如不取不着之法门、大菩萨之法。

㉒**最尊**：佛陀的敬称。

㉓**总持**：梵文陀罗尼、陀罗那。意为能持能遮。持善法不使散，持恶法不使起，修此法能总一切法和持一切义。分为四种：一、法总持，又名闻总持，于佛的教法闻持不忘；二、义总持，于诸法之义理总持不失；三、咒总持，菩萨依定起咒，持咒神验，除众生的灾患；四、忍总持，菩萨的实智，忍持法的实相而不失。

㉔**在在处处**：各处各方之意。

㉕**因缘**：因是指主要的原因，如种子，缘是指次要的助缘，如水、土、阳光等等，由此因缘和合，便生出谷米来。

译文

自皈依第七仙人能仁之后，
便演说着圣贤无上的轨仪；
如今世尊为救度黎民众生，
现身于永恒流转的生死长河之中。
尊敬的迦叶长者和那众多的圣众，
还有贤哲的阿难，都是闻经无量；

佛陀涅槃之后，
从拘夷至摩揭陀到处供养着佛的舍利。
因为世间众生都堕入五道轮回，
迦叶思维要发四无量心；
广演圆满真理的世尊今已离去，
追忆他的权巧训示而心怀悲泣。
迦叶思索着，
如何让正法的根本永远流传世间？
使至尊佛陀的种种言教，
总持于心胸而不致漏失。
谁有这种力量，
来聚集那众多佛法和所有的因缘根本？
现在这许多智者之中，
阿难是那样贤善而闻经无量。

原典

即击揵椎^①集四部^②，比丘^③八万四千^④众，
尽得罗汉^⑤心解脱^⑥，以脱缚着处福田^⑦。
迦叶哀愍于世故，加忆尊恩过去报；
世尊授法付阿难，愿布演法长存世。
云何次第不失绪？三阿僧祇^⑧集法宝^⑨，

使后四部得闻法，已闻便得离众苦。

阿难便辞吾不堪，诸法甚深若干种，

岂敢分别⑩如来⑪教，佛法功德⑫无量智⑬！

今尊迦叶能堪任，世雄⑭以法付耆旧；

大迦叶今为众人，如来在世请半坐⑮。

迦叶报言虽有是，年衰朽老多忘失；

汝今总持智慧⑯业⑰，能使法本⑱恒在世。

我今有三清净眼⑲，亦复能知他心智⑳；

一切众生种种类，无有能胜尊阿难！

注释

①**捷椎**：以厚木板制成，作为通报信息，或集合大众之用；另以铜、铁、木、瓦制成木槌、磬等的法器，均称捷椎。

②**四部**：又作四众、四辈，指出家的比丘、比丘尼与在家的优婆塞、优婆夷。又指比丘、比丘尼、沙弥、沙弥尼四众。又指人、天、龙、鬼四众。

③**比丘**：又作苾刍，译为乞士、除馑、怖魔。男子出家受具足戒者的通称。比丘含有三义，（一）生活清净，一面向社会群众乞化饮食，以资维持色身，一面又向慈悲的佛陀乞化法食，以资长养法身，故称乞士。

（二）破恶，此恶是指心中的种种烦恼而言，出家人修戒定慧三学，息灭贪嗔痴等烦恼，以便达到了脱生死的目的。（三）怖魔，六欲天的天魔希望一切的众生皆为魔子魔孙，永远受他的控制，可是出家的佛弟子目的却在跳出三界，以解脱为期，大家都很认真修行，不为天魔外道所扰乱，于是魔宫震动，魔王怖畏起来，故谓之怖魔。亦喜持戒行，广种福田，故称除馑。出家男众，年满二十，已受具足戒者，得称比丘。

④八万四千：数目很多的意思。这是古印度人所常说的一种习惯语，佛经上亦习用此句来说数目之多，并非有八万四千这么一个确定数目。

⑤罗汉：声闻乘中最高果位名，含有三义，（一）杀贼，杀尽烦恼之贼；（二）应供，应受天上人间的供养；（三）无生，解脱生死，不受后有。

⑥心解脱：又名慧解脱，无学之一。

⑦处福田：指福田人。福田人有两种，一者为学人，即尚须学习之人；二者为无学人，即烦恼已灭尽而达到无须再学习的境界者。

⑧阿僧祇：华译为无数、无央数，古印度数目之一种，是多到没有数目可以计算的意思。

⑨法宝：三宝之一。诸佛所说的妙法，珍重如世间财宝，故云法宝。

⑩**分别**：思量识别诸事理之意。

⑪**如来**：为梵语多他阿伽陀之意译，佛十尊号之一，因佛乘真如之道，来成正觉，来三界垂化，故名如来，又作如去。

⑫**功德**：功，为福利之功能，这功能为善行之德。德，即得，修功有所得。功是善行，德是善心，世人拜佛、诵经、布施、供养等，都为功德。

⑬**智**：深明事理的智慧。

⑭**世雄**：佛的尊称。

⑮**请半坐**：世尊尝分半座让迦叶坐，是二乘与佛同解脱床之义。

⑯**智慧**：梵语若那，华译智，般若华译慧。明白一切事相叫作智，了解一切事理叫作慧。

⑰**业**：梵语羯磨。为身口意善恶无记的思想行为。其善恶之性必感苦乐之果，故谓之业因。其在过去的，谓之宿业；现在的，谓之现业。业有二种，一如身体的取舍屈伸等造作，名为身业；音声的屈曲造作，名为语业。是指身、口的造作之业。二为与第六意识相应而起所造作之业。

⑱**法本**：法性之异名。法性为万法之本，故名法本。

⑲**三清净眼**：即肉眼，能照显露而无障碍之有见诸色；天眼，能照显露、不显露之有障、无障之有见诸

色；慧眼，能照一切法，若色、非色等所有诸法。

⑳**他心智**：十智之一，即能知他人心想的智，在六通中，叫作他心通。

译文

随即，敲击揵椎来召集四部，

比丘之众有八万四千；

都尽得罗汉果位心获解脱，

脱离束缚而身处福田。

迦叶因哀愍这世间，

更加忆念那世尊过去的恩泽福报；

世尊授法予阿难，

是希望佛法能广布以长存世间。

如何使那众多的法宝具有次序而不致混乱？

须将诸佛于三大阿僧祇劫修行的教法结集，

以便未来四部众生得以闻听佛法，

闻法者便即得以脱离苦海。

阿难以不堪胜任相推辞，

因那诸法深奥且繁多；

我岂敢分别如来的教法，

佛法是功德无量的智慧啊！

现在的迦叶尊者可以胜任，

世雄曾将法义嘱咐于他；

迦叶虽然现为凡人，

可是如来在时曾分半座相请。

迦叶答道：虽然如此，

但我年老体衰，多有忘失；

你阿难如今总持这智慧的业行，

可使佛法之根本恒久存世。

我现在具备着三清净眼，

还具足那能知人心念的智慧；

在所有一切众生中，

没有人能胜过你阿难！

原典

梵天①下降及帝释②，护世四王③及诸天④，

弥勒⑤兜术⑥寻来集，菩萨⑦数亿不可计。

弥勒、梵、释及四王，皆悉叉手⑧而启白：

一切诸法佛⑨所印⑩，阿难是我法之器⑪。

若使不欲法存者，便为坏败如来教；

愿存本要为众生，得济危厄度众难！

释师⑫出世⑬寿极短，肉体⑭虽逝法身⑮在；

当令法本不断绝，阿难勿辞时说法[16]！

迦叶最尊及圣众，弥勒、梵、释及四王，

哀请阿难时发言，使如来教不灭尽。

阿难仁和四等具，意转入微[17]师子吼[18]，

顾眄四部瞻虚空[19]，悲泣挥泪不自胜！

便奋光明和颜色，普照众生如日初；

弥勒睹光及释、梵，又十[20]希闻无上法[21]。

注释

①**梵天**：Brahmā，指色界初禅天，位于欲界六天之上，以无欲界之淫欲、寂静清净，故名梵天。此天共有三天，即梵众天、梵辅天、大梵天，通常所说的梵天是指大梵天王，名尸弃，深信正法，每逢有佛出世，必请佛转法轮，此梵天与外道所说的梵天不同。

②**帝释**：Sakka，即释提桓因（Sakko Devānam Indo），为忉利天（三十三天）之主，俗称为玉皇大帝。

③**四王**：即四大天王，又称四天王天，位处须弥山腰，为六欲天的第一重天，东西南北各有一王。东为提头赖吒（Dhṛtarāṣṭra），译为持国天王；西为毗留跛叉（Virūpākṣa），译为广目天王；南为毗留勒叉（Virūḍhaka），译为增长天王；北为毗沙门（Vaiśravaṇa），

译为多闻天王。

④天：六趣之一。光明之义，自然之义，清净之义，自在之义，最胜之义，是享受人间以上胜妙果报的所在，总名为天趣。

⑤弥勒：Metteyya，菩萨名，译为慈氏，现住于兜率天内院，为一生补处菩萨，将来当于住劫中的第十小劫，人寿增至八万岁时，即佛灭后五十六亿七千万年，下生此界，继释迦牟尼佛之后，为贤劫之第五尊佛。

⑥兜术：华译上足、妙足、知足、喜足等，谓于五欲境，知止足故，为欲界六天中之第四重天，此天一昼夜，为人间四百年，天寿四千寿，合人间五亿七千六百万年。位于须弥山顶十二万由旬处，有七宝宫殿，诸天分住内外二院，外院为天人享乐之处，内院为补处菩萨，最后身的住处，常由此下生而成佛，今为弥勒菩萨的净土，弥勒菩萨于此说法。

⑦菩萨：全名菩提萨埵，又名菩提索埵、摩诃菩提质帝萨埵。华译为觉有情、大觉有情，就是觉悟的有情之意，也就是上求佛果和下化众生的大圣人。萨埵是勇猛之义，因勇猛求菩提，故名菩提萨埵。又译作开士、始士、高士、大士、道众生、大道心众生。

⑧叉手：即合掌，为古印度人致敬方式之一。

⑨佛：梵语佛陀的简称，译为觉者，即自觉觉他、

觉行圆满的大圣人。

⑩印：此指印定之义，佛法真理，可以依三法印或一实相印衡量，凡是合于此等印的，即可以判定为佛法。

⑪法之器：即法器，指具有修证佛法的根器。

⑫释师：指本师释尊。

⑬出世：诸佛为教化众生而出现于世。此处"诸佛"是指世尊。

⑭肉体：即肉身，指父母所生之人身。

⑮法身：意为法之聚集。指诸佛所证所觉并发之以教授、教诫之一切正法。为佛三身之一，佛的真身，以正法为体，故名法身。又作法性身、法身佛、法佛、实佛。

⑯说法：演说佛的教义。

⑰入微：入为根境互相涉入而生识，微为七倍于极微，极微是色法分割至最微之极度。

⑱师子吼：佛在大众中演说佛法，心中毫无怖畏，犹如狮子作吼。

⑲虚空：虚与空。虚与空都是无的别名。虚无形质，空无障碍，故名虚空。

⑳叉十：即合十、合掌，致敬之意。

㉑无上法：即涅槃，因涅槃于一切法中至高无上。

译文

　　从梵天到帝释，及护世四王和诸天，
　　与兜率宫的弥勒相聚一起，
　　那菩萨多得更是不计其数。
　　弥勒、梵天、帝释和四天王，
　　全都双手合十地陈述：
　　一切诸法都是佛所印证，
　　阿难便是我佛之法器。
　　若是不想让佛法恒久存世，
　　那就是在破坏这如来的教法；
　　希望能为众生而存续法本，
　　以救度众生脱离那危难之地！
　　释尊在世的寿数极为短暂，
　　肉身虽已逝去，法身却是永在；
　　应使正法的根本永不断绝，
　　阿难你不要推辞，就请即时说法！
　　迦叶尊者和众圣众，
　　还有弥勒、梵天、帝释及四王，
　　都哀请阿难即时说法，
　　使那如来的教法永不灭尽。
　　阿难心地仁和具足四等德心，

便心意回转入微作狮子吼，

顾盼四部，眺望虚空，

不禁悲泣挥泪！

随即遍现光明和颜之色，

如太阳初升普照众生；

弥勒、帝释与梵天目睹光明普照，

双手合十恭闻稀世的无上法义。

原典

四部寂静^①专一心^②，欲得闻法意^③不乱；

尊长迦叶及圣众，直视睹颜目不眴。

时阿难说经无量，谁能备具为一聚？

我今当为作三分，造立十经为一偈^④。

契经^⑤一分律^⑥二分，阿毗昙^⑦经为三分；

过去三佛^⑧皆三分：契经、律、法^⑨为三藏^⑩。

契经今当分四段：先名增一^⑪、二名中^⑫，

三名曰长多璎珞^⑬，杂经^⑭在后为四分。

尊者^⑮阿难作是念：如来法身不败坏，

永存于世不断绝，天人得闻成道果^⑯。

或有一法义亦深，难持难诵^⑰不可忆；

我今当集一法义，一一相从不失绪。

亦有二法还就二,三法就三如连珠,

四法就四五亦然,五法次六六次七,

八法义广九次第,十法从十至十一;

如是法宝终不忘,亦恒处世久存在。

注释

①**寂静**：脱离一切的烦恼叫作寂,杜绝一切的苦患叫作静,寂静即涅槃之道理。

②**一心**：即专心。

③**意**：思量事物为意。

④**偈**：偈他的简称。华译为颂,即一种略似于诗的有韵文辞,通常以四句为一偈。

⑤**契经**：即修多罗,三藏之一。契者上契诸佛之教理,下契众生之根机;经为佛陀教说之集录。

⑥**律**：即毗奈耶,三藏之一。乃佛为僧团和合净住而亲自制定的生活规范或禁戒,具有调伏众恶的作用。

⑦**阿毗昙**：即阿毗达磨,三藏之一。译为对法、胜法、无比法、论,为说教之注释。

⑧**三佛**：指释迦牟尼佛之前的拘留孙佛、拘那含牟尼佛、迦叶佛。

⑨**法**：就是对法,即阿毗昙。

⑩**三藏**：即修多罗藏、毗奈耶藏、阿毗达磨藏。修多罗藏即是经藏，为佛所说的经文；毗奈耶藏即是律藏，为佛所制的戒律；阿毗达磨藏即是论藏，为佛弟子所造的论。经、律、论各各包藏文义，故称三藏，为佛教圣典的总称。

⑪**增一**：此处指《增一阿含经》。

⑫**中**：此处指《中阿含经》。

⑬**长多璎珞**：此处指《长阿含经》。

⑭**杂经**：此处指《杂阿含经》。

⑮**尊者**：佛弟子的尊称，亦为年少比丘对年长比丘的敬称。

⑯**道果**：证道得果。道是菩提，果是涅槃。

⑰**难持难诵**：即难以持诵。持诵即为受持诵读经典或真言。

译文

四部众生寂静地专注一心，
要意念不乱地闻听佛法；
迦叶尊者及那圣众，
都目不转睛地直视着阿难。

阿难当时言道：

那佛经无量，有谁能完备地集录一处呢？

如今我将佛经分成三类，

并且每十经便作一偈颂。

经是一类，律是一类，论为第三类；

过去三佛都是如此分类，

这就是经、律、论三藏。

契经现在应分为四段：

最先是《增一》，其次是《中》；

第三名《长》，最后为《杂》。

阿难尊者如此地念想：

如来的法身将永不坏损，

久存于世间将永不断绝，

并让天、人都得以听闻而成就道果。

或许存有一法妙义深奥，

难以持诵且不便牢记；

我如今要集录一类法义，

逐一归纳使之不失法绪。

再将二类法义依于二，

三类之法亦连珠似地系于三，

四类五类之法也是如此，

六类七类亦顺次相序，

八类九类如前归纳，

直至十法十一法；

如此，法宝便能永不被遗忘，

并恒久地长存在这世间。

原典

于大众中集此法，即时阿难升乎座^①；

弥勒称善快哉说，诸法义合宜配之。

更有诸法宜分部，世尊所说各各异；

菩萨发意^②趣大乘^③，如来说此种种别。

人尊^④说六度^⑤无极^⑥：布施^⑦、持戒^⑧、忍^⑨、精进^⑩、禅^⑪、智慧力^⑫如月初，逮度无极睹诸法。

诸有勇猛施头目，身体血肉无所惜，

妻妾国财及男女，此名檀度^⑬不应弃。

戒度无极如金刚^⑭，不毁不犯无漏^⑮失，

持心护戒如坏瓶^⑯，此名戒度不应弃。

或有人来截手足，不起嗔恚^⑰忍力强，

如海含容无增减，此名忍度不应弃。

诸有造作善恶^⑱行，身口意^⑲三无厌足，

妨人诸行不至道，此名进度不应弃。

诸有坐禅出入息^⑳，心意坚固无乱念，

正使地动^㉑身不倾，此名禅度不应弃。

以智慧力知尘数^㉒，劫^㉓数兆载不可称，

书疏数业意不乱，此名智度不应弃。

诸法甚深论空理^㉔，难明难了不可观，

将来后进怀狐疑，此菩萨德不应弃。

注释

①**座**：梵语阿萨曩。诸佛以莲花为座，又以狮子为座。

②**发意**：同于发心，发菩提心。愿求无上菩提之心。

③**趣大乘**：趣是趣向之义，众生受报，皆由因趣果。大乘，又作摩诃衍那，以救世利他为宗旨，发菩提心，上求佛道、下化众生的菩萨法门。

④**人尊**：佛的德号，意为人中之尊。

⑤**六度**：即六波罗蜜多，译为六到彼岸。六种行之可以从生死苦恼此岸得渡到涅槃安乐彼岸的法门，即布施、持戒、忍辱、精进、禅定、智慧。布施能度悭贪，持戒能度毁犯，忍辱能度嗔恚，精进能度懈怠，禅定能度散乱，智慧能度愚痴。

⑥**无极**：指彼岸、涅槃。

⑦**布施**：六波罗蜜中之檀波罗蜜，意为以自己之所有施舍于人。布施有三类，一是财施，就是用财物去救

济疾病贫苦之人；二是法施，就是用正法去劝人修善断恶；三是无畏施，就是不顾虑自己的安危去解除别人的怖畏。

⑧**持戒：**六波罗蜜中之尸罗波罗蜜，即守持佛所制的戒律，防止不合佛法的事。

⑨**忍：**即忍辱，六波罗蜜中之羼提波罗蜜。忍为忍耐的意思，忍耐不如意的环境而不生嗔恚的心。忍辱，就是忍受各种侮辱而不起嗔恚恼恨。

⑩**精进：**六波罗蜜中之毗离耶波罗蜜。精进又叫作勤，即努力向善向上。

⑪**禅：**即禅定，六波罗蜜中之禅那波罗蜜。禅是梵语禅那的简称，华译为思维修或静虑，即住心一境而冥想妙理，欲界中人，欲离烦恼，以思维研修为因而得定者，名思维修；定是梵语三昧的译语，是止心于一境而离散乱的意思。即一心研修为禅，一念静止为定，合称为禅定。

⑫**力：**梵语么攞，意为力用。

⑬**檀度：**指六度中之布施波罗蜜。檀，又作檀那，译为布施。

⑭**金刚：**即金刚石，其性坚利，坚故不为他物所坏，利故能损坏他物，故佛经常以之譬喻坚利。

⑮**无漏：**清净无烦恼的意思。

⑯**坏瓶：**此瓶即天德瓶，为出心所愿之瓶，于其中求索，全可获得。佛经引瓶为譬者甚多。

⑰**嗔恚：**三毒之一。梵语讫罗驮，于苦与苦具憎恚，谓之嗔。使身心热恼，生起诸恶业。

⑱**善恶：**合于理的叫作善，乖于理的叫作恶。

⑲**身口意：**身，身行；口，口行；意，心行；共称三业或三行。

⑳**出入息：**出息与入息，即呼出的气息与吸入的气息。意为禅定时呼吸均匀平和。

㉑**地动：**指佛欲说法时所出现的大地震动的瑞应。

㉒**尘数：**数目之多譬如微尘。

㉓**劫：**又作劫簸，华译为时分或大时，通常年月日所不能计算的极大时限。

㉔**空理：**观人与法为空所显现的真理。

译文

阿难当时便升上法座，
于大众之中集录这法义；
弥勒赞叹地催促着阿难，
请他将诸类法义适宜地配以法数。
更有诸般法义应适宜分置，

因世尊所说之法也各有不同；

菩萨便是发意归趣大乘，

如来演说这法义便有种种别异。

世尊所说的到达彼岸的六种胜行，

是布施、持戒、忍辱、精进、禅定和智慧；

这些都如初月之皎洁，

渡往彼岸便要观看这如月六法。

众多之人勇猛地布施，

即使献出头颅、眼睛、身躯和血肉也在所不惜，

乃至献出妻妾、家国、财产及子女，

这就是布施度而不应舍弃。

持戒度以达彼岸犹如不坏之金刚，

无所毁犯亦无所漏失，

持心护戒如护坏瓶，

这就是持戒度而不应舍弃。

若有人来截断手足，

便以极强的忍力而不起嗔恚之心，

犹如大海的包容无增无减，

这就是忍辱度而不应舍弃。

众多之人造作着善行与恶行，

身口意三行清净修持无所厌足，

断除那障碍众人修行，使人不至道果的恶业，

这就是精进度而不应舍弃。

众多之人坐禅入定呼吸吐纳，

心意坚固不乱禅念，

即使大地震动，其身也不倾斜，

这就是禅度而不应舍弃。

以智慧之力了知微尘之数，

如亿兆劫数不可测度，

在可书写数目那么多的业行中意念不乱，

这就是智度而不应舍弃。

诸法甚为深奥论述着空的义理，

难以明了而不可尽观，

使将来后世众生心存狐疑，

这就是菩萨德行而不应舍弃。

原典

阿难自陈有是念：菩萨之行愚不信，

除诸罗汉信解脱，尔乃有信无犹豫。

四部之众发道意，及诸一切众生类；

彼有牢信不狐疑，集此诸法为一分。

弥勒称善快哉说，发趣大乘意甚广；

或有诸法断结使①，或有诸法成道果。

阿难说曰此云何？我见如来演此法，

亦有不从如来闻，此法岂非当有疑？

设我言见此义非，于将来众便有虚；

今称诸经闻如是②，佛处所在城国土。

波罗奈③国初说法，摩揭国降三迦叶④；

释翅⑤、拘萨⑥、迦尸⑦国，瞻波⑧、句留⑨、毗舍离⑩。

天宫⑪、龙宫⑫、阿须伦⑬，乾沓和⑭等拘尸城；

正使不得说经处，当称原本在舍卫⑮。

吾所从闻一时事，佛在舍卫及弟子，

祇桓精舍⑯修善业⑰，孤独长者⑱所施园。

注释

①**结使**：结与使皆是烦恼的异名。烦恼能系缚身心，不得自在，结成苦果，故称为结；又能随逐驱使众生，故又称为使。

②**闻如是**：即"如是我闻"，谓如下所述是我（阿难自称）亲闻。

③**波罗奈**：Bārāṇasī，又作波罗奈斯，中印度古国名，位于印度摩揭陀国西北、恒河左岸，即今贝那拉斯。

④**三迦叶**：即优楼频螺迦叶（Uruvela-kassapa）、那提迦叶（Nadī-kassapa）、伽耶迦叶（Gayā-kassapa）三兄

弟，原为摩揭陀国之事火外道，后为释尊降伏，乃率领徒众千人皈依佛陀。

⑤释翅：Sakkesu，又作释羁瘦，指诸释迦族人居住的地方，即迦毗罗卫国。

⑥拘萨：Kośalā，又作拘萨罗，佛世时印度十六大国之一，位于中印度之西北，首都舍卫城。

⑦迦尸：Kāsi，又作迦奢，迦尸族人建立的国家，佛世时印度十六大国之一，位于今贝那拉斯附近。

⑧瞻波：Campā，又作瞻婆，佛在世时印度十六大国之一，鸯伽国（Aṅga）的都城，位于恒河流域。

⑨句留：Kuru，又作拘流、拘楼，佛世时印度十六大国之一，位于拘萨罗西北。佛陀曾至该国，于剑磨瑟昙（Kammasadhamma）说法。

⑩毗舍离：Vesālī，又作吠舍离，佛世时印度十六大国之一，跋耆国（Vajjī）的都城，位于拘萨罗的东南，为离车族人所住之地。

⑪天宫：梵语泥补罗，为天人的宫殿。

⑫龙宫：龙天的宫殿，在大海的底下，为龙王的神力所化作而成，佛陀曾受龙王相请在此说法。

⑬阿须伦：Asura，又作阿修罗，六道之一，性好斗，常与帝释战，男丑女美，宫殿设于须弥山北，大海之下。因其享有诸天之福，却无诸天之德，似天而非天，

故又译为"非天"。因其男众极丑,故又译为"无端"。又以其国酿酒不成,故又译成"无酒"。

⑭**乾沓和**:Gandhabba,又作乾闼婆,译为寻香、食香,八部众之一,帝释天之乐神,不食酒肉,唯求香以资阴身出香,故有香神之称。

⑮**舍卫**:Savatthī,憍萨罗国之都城,城内有祇园精舍。即今印度西北部拉普蒂Rapti河南岸的塞特马赫特(Set Mahet),在乌德之东,尼泊尔之南。

⑯**祇桓精舍**:Jetavanārāma, 即祇树给孤独园(Jetavana Anāthapiṇḍikārāma),为舍卫城给孤独长者须达多购取王子祇陀(Jeta)的林园,建赠释尊作为弘法办道之场所。

⑰**善业**:良好的行为或造作,如五戒十善等善事。

⑱**孤独长者**:即给孤独(Anāthapiṇḍika)长者,本名须达多(Sudatta),为舍卫城的豪商,波斯匿王的大臣,性情仁慈,赈济孤贫,时人敬称"给孤独长者"。

译文

阿难陈述着这样的想法:

菩萨之德行为愚者所不信,

除非是诸罗汉才相信解脱,

你们要具有信念不要犹豫。

四部之众及一切众生，

都发心成道之意趣；

他们都信念牢固而心无狐疑，

集录这类诸法以成为一分。

弥勒赞叹地说：

发心归趣于大乘其意涵深广；

有些诸法可了断烦恼，

有些诸法能成就道果。

阿难说道：这是什么法义呢？

我曾亲见如来演说这教法，

也有人不曾随从如来听闻佛法，

对此法岂不会有疑虑？

假如我说不曾见闻这法义，

那对未来的众生便是欺诳；

现在我声称这经义正如我所亲闻，

佛陀演法的处所就在城市或国内。

在波罗奈初转法轮，

于摩揭陀降伏三迦叶；

又在释翅、拘萨、迦尸演法，

还有瞻波、句留和毗舍离。

佛迹遍及天宫、龙宫、阿修罗、乾闼婆与拘尸城；

即使不明说经的处所，

原本也应是在那舍卫城中。

我当时随从世尊闻听经法时，

佛与弟子都在舍卫城，

于祇桓精舍修行善业，

那是孤独长者所赠的花园。

原典

时佛在中告比丘：当修一法①专一心，

思维一法无放逸②，云何一法？谓念佛③，

法念④、僧念⑤及戒念⑥，施念⑦去相次天念⑧，

息念⑨、安般⑩及身念⑪，死念⑫除乱谓十念⑬。

此名十念更有十，次后当称尊弟子；

初化⑭拘邻⑮真佛子⑯，最后小者名须拔⑰。

以此方便⑱了一法，二从二法三从三，

四五六七八九十,十一之法无不了。

从一增一至诸法，义丰慧⑲广不可尽；

——契经义亦深，是故名曰增一含。

注释

①**一法**：一事或一物之意。

②**放逸**：即放纵心思，任性妄为，不勤修诸善。

③**念佛**：忆念佛的大慈大悲无量功德。念佛有三种，即称名念佛、观想念佛、实相念佛。称名念佛是口中称念佛的名号；观想念佛是在静坐之中观佛的相好功德；实相念佛是观佛的法身非有非空中道实相的道理。

④**法念**：即念法，忆念佛所说三藏十二部经能利益大地众生的功德。

⑤**僧念**：即念僧，忆念僧伽具足戒、定、慧，能为世间众生做良福田的功德。

⑥**戒念**：即念戒，忆念戒行有大势力，能除众生的诸多烦恼。

⑦**施念**：即念施，忆念布施有大功德，能除众生的悭吝贪着。

⑧**天念**：即念天，忆念三界诸天皆因往昔修戒、施的善根，而得此乐报。

⑨**息念**：即念休息、念寂静，止息随念。

⑩**安般**：又作念安般，即阿那波那，译为数息、念出入息，五停心观之一，指数出入息，摄心于一境，以正定对治散乱的方法。

⑪**身念**：即念身，念此身的发、毛、爪、齿，乃至涎、髑髅、脑等从何而来，由谁所造。

⑫**死念**：即念死，人于一切时中，常念有生必有死

而不忘。

⑬**十念**：即指念佛、念法、念僧众、念戒、念施、念天、念休息、念安般、念身、念死。修持这十念法，便可以成就神通，去诸乱想，得沙门果，自致涅槃。

⑭**化**：常为教化，教人转化恶为善。

⑮**拘邻**：Koṇḍañña，又作憍陈如，为佛陀初转法轮时所教化五比丘之一，以宽仁博识，善能劝化，将养圣众，不失威仪第一见称。

⑯**真佛子**：别教菩萨，始到初地，即证我法二空之真如，故称之为生于如来家的真佛子。

⑰**须拔**：Subhadda，又作须跋陀，年百二十始出家，为佛陀在世最后化度的弟子。

⑱**方便**：指佛应众生之根机，而用种种方法施予化导。

⑲**慧**：睿智之意，也就是正确了解诸法真相及契合真理的正确认识。

译文

那时佛在其中告诫众比丘，
应当专注一心地修持一法，
思索这一法而无所放逸，

这一法是什么？

就是念佛、念法、念僧、念戒和念施，

顺次还有念天、念休息、念安般、念身及念死，

这就是除治散乱的方法，叫十念。

十念法外更有十法，

依次修行才称得上世尊之弟子；

起初教化的佛弟子为憍陈如，

最后化度的是须拔。

以此方便之法了悟一法，

由此，二法归于二，三法属于三，

四五六七八九法，直至十法十一法，

便无不了然明晰。

从一增一以至诸法，

义理丰涵睿智广博而无有边际；

每一段经义都深邃奥博，

因此得名为增一阿含。

原典

今寻一法难明了，难持难晓不可明；

比丘自称功德业，今当称之尊弟子。

犹如陶家所造器，随意所作无狐疑；

如是阿含增一法，三乘①教化②无差别。

佛经微妙极甚深，能除结使如流河；

然此增一最在上，能净三眼除三垢③。

其有专心持《增一》，便为总持如来藏④；

正使⑤今身不尽结，后生⑥便得高才智。

若有书写经卷者，缯彩花盖⑦持供养⑧，

此福无量不可计，以此法宝难遇故。

说此语时地大动，雨天香华⑨至于膝，

诸天在空叹善哉！上尊所说尽顺宜。

契经一藏律二藏，阿毗昙经为三藏；

方等⑩大乘义玄邃，及诸契经为杂藏。

安处佛语终不异，因缘本末皆随顺；

弥勒诸天皆称善，释迦文⑪经得久存。

弥勒寻起手执华，欢喜持用散阿难；

此经真实如来说，使阿难寻道果成。

注释

①三乘：指声闻乘、缘觉乘、菩萨乘。声闻乘又名小乘，其行人速则三生，迟则六十劫间，修空法，终于闻如来声教，悟四谛之理，断见思惑，可证阿罗汉果；缘觉乘又名中乘，其行人速则四生，迟则百劫间，破无

明，终于悟十二因缘之理，可证辟支佛果；菩萨乘又名大乘，其行人于无数劫间，修六度万行，更于百劫间，值三十二相福因，可证无上佛果。

②**教化**：又作劝化，教人化恶为善。

③**三垢**：即贪、嗔、痴三毒。

④**如来藏**：真如在烦恼中，摄藏如来一切果地上的功德，名如来藏，若出了烦恼，即名法身。此处指佛陀经教三藏。

⑤**正使**：即对习气的称谓。正现起的烦恼正体叫正使，其烦恼的余习叫习气，阿罗汉虽断正使，而习气不能亡。

⑥**后生**：未来的生涯，谓死后更生之处所。

⑦**缯彩花盖**：以彩色绢布花束所做的大盖。缯，绢布；彩，彩色；花，梵语补逝波，六种供物之一，表万行开敷而庄严佛果。

⑧**供养**：奉养之意，对上含有亲近、奉事、尊敬之意，对下含有同情、怜惜、爱护之意。

⑨**天香华**：天上之香。人中之妙香也叫天香，人中之妙华也称天华。香与华皆为供养佛的六种供养之一。

⑩**方等**：方是广之义，等是均之义，佛于第三时，广说藏、通、别、圆四教，均益利钝之机，故名方等。又作方广、方正，十二分教之一，是指文广义深而含摄

大乘义理的契经。

⑪释迦文：Śākyamuni，又作释迦牟尼。释迦为种族名，义为能仁。牟尼为求寂静而有所成就的圣者。

译文

如今这一法难以迅速明了，
难以持诵而不可通晓；
比丘自称具备功德业，
如今就应称其为佛之弟子。
这犹如陶匠制造器物，
随顺心意地制作而没有半分迟疑；
如此以增一之法集录阿含，
三乘的教化没有任何差别。
佛经义理微妙而深奥，
能除灭烦恼使思绪通畅如河水之流淌；
然而这增一之法最为上佳，
能使三眼清净，能使毒垢尽除。
那些能专其一心持诵《增一阿含》者，
就是总持如来三藏；
正使今生肉身不能尽除烦恼，
后生便可具足至高无上的智慧。

如果有人能书写这部经卷，
或用缯彩花盖等物供养此经，
那福量便多得不可胜数，
因为这部法宝是极难遇逢的。
阿难说到此时大地显现震动，
天上降下的香花淹没了膝部，
诸天在空中赞叹称好！
上尊所说之法尽皆顺应适宜。
契经是一藏、律经是二藏，
阿毗昙经为第三藏；
深邃又玄奥的方等大乘，
以及诸多的契经都是杂藏。
安处佛陀的圣言终无差异，
因缘本末都随顺佛的教意；
弥勒与诸天皆称赞甚好，
释迦文佛的经义终得以永存。
弥勒旋即起身手执鲜花，
欢喜地将花散洒在阿难身上；
这经典是如来所说的真实法义，
使阿难得以迅速成就道果。

是时，尊者阿难及梵天将诸梵迦夷天^①，皆来会集；化自在天^②将诸营从，皆来会聚；他化自在天^③将诸营从，皆悉来会；兜术天王将诸天之众，皆来会聚；艳天^④将诸营从，悉来会聚；释提桓因^⑤将诸三十三天^⑥众，悉来集会；提头赖吒^⑦天王将乾沓和等，悉来会聚；毗留勒叉^⑧天王将诸厌鬼，悉来会聚；毗留跛叉^⑨天王将诸龙^⑩众，悉来会聚；毗沙门^⑪天王将阅叉^⑫、罗刹^⑬众，悉来会聚。

是时，弥勒大士^⑭告贤劫^⑮中诸菩萨等："卿等劝励诸族姓子^⑯、族姓女，讽诵受持《增一》尊法，广演流布，使天、人奉行！"

说是语时，诸天、世人、乾沓和、阿须伦、伽留罗^⑰、摩睺勒^⑱、甄陀罗^⑲等，各各白言："我等尽共拥护是善男子、善女人，讽诵受持《增一》尊法，广演流布，终不中绝！"

注释

①**梵迦夷天**：Brahmakayikā deva，译为净身天，即色界初禅天的通称。

②**化自在天**：Nimmanarati，又作化乐天，为六欲

天之第五天，在兜率天之上、他化自在天之下，以人间八百岁为一日一夜，身长八由旬，身有常光；相向而笑，即成交媾，儿自男女膝上化生，其初生者如人间十二岁的幼童。梵名尼摩罗、须涅蜜陀，能变化五欲以自娱。

③他化自在天：Paranimmita-vasavattī deva，又作他化天，梵名为娑舍跋提，即欲界六天之第六天。此天为快乐不要自己乐变现，下天化作，而是假借他人乐事，自在游戏。此天为欲界之主与色界之主摩醯首罗天，都是为害正法的魔王，即四魔中的天魔。

④艳天：Yama deva，又作夜摩天、焰摩天、焰天，译为善时、时分，为欲界六天之第三重天。

⑤释提桓因：Sakko Devānam，又作释迦提婆因提等。即帝释，译为能天主。位于须弥山顶上，忉利天（即三十三天）之主。

⑥三十三天：梵语忉利天，为欲界之第二天，在须弥山顶，中央为帝释天，四方各有八天，故合成三十三天。

⑦提头赖吒：Dhatarattha，又作提多罗吒，即持国天，四大天王之一，能护持国土、安抚众生，为东方天主，守护东方的善神，故亦称东方天。位于须弥山半腰第四层之东面。

⑧**毗留勒叉**：Virūḍha，又作毗楼勒，即增长天，四天王之一，能令他善根增长，为守护南方的善神，位居于须弥山半腰的南面。

⑨**毗留跋叉**：Virūpakkha，又毗楼博叉，即广目天，四天王之一，常以净天眼观察拥护阎浮提，为守护西方的善神，居住于须弥山半腰的西南。

⑩**龙**：Nāga，梵语那伽，八部众之一，长身无足，有神力，变化云雨。

⑪**毗沙门**：Vessavaṇa，即多闻天，四天王之一，其福德名闻四方，为守护北方的善神，居住于须弥山半腰的北面。

⑫**阅叉**：又作夜叉 Yakkha，译为捷疾、勇健，八部众之一，为守护正法，或以其威势恼害他人的鬼类。

⑬**罗刹**：恶鬼的总名，男鬼名罗刹娑（Rakkhasa），其貌极丑；女鬼名罗刹私（Rakkhasī），其貌姝美；俱有神通力飞行空中或地行，喜食人血肉。

⑭**大士**：菩萨的通称。士是事之意，指成办上求佛果、下化众生的大事业的人。

⑮**贤劫**：又作善劫，现在劫名。以此劫中，贤人辈出，故名贤劫。

⑯**族姓子**：又作族姓男，译为善男子，指信仰三宝的男子。

⑰**伽留罗**：Garuḷa，又作迦楼罗，译为食吐悲苦声，即金翅鸟，多取龙为食，常贮活龙于嗉内，而吐食之，龙痛楚出悲苦声，为八部众之一。

⑱**摩睺勒**：Mahoraga，又作摩休勒、摩睺罗伽，译为大蟒蛇，大胸腹行，乐神之属，人身蛇首，八部众之一。

⑲**甄陀罗**：Kinnara，又作紧那罗，译为疑人、疑神、人非人，又称乐神或音乐天，形貌似人而头有一角，为八部之一。

译文

这时，阿难尊者及梵天带领着诸梵迦夷天，一起前来集会；化自在天带领着诸随从，一起前来集会；他化自在天带领着诸随从，一起前来集会；兜术天王带领着诸天众，都赶来会聚；夜摩天带领着诸部从，全都前来会聚；释提桓因带领着三十三天众，全都赶来集会；提头赖吒天王带领着乾闼婆等，全都前来会聚；毗留勒叉天王带领着诸厌鬼，全都前来会聚；毗留跛叉天王带领着诸龙众，全都前来集会；毗沙门天王带领着夜叉、罗刹之众，全都前来会聚。

这时，弥勒菩萨对这贤劫中的诸菩萨说道："你们规劝鼓励诸善男子、善女人，要讽诵受持这《增一阿含经》法，让其广泛传演流布，使天、人共同奉行！"

弥勒说这话时，诸天、人、乾闼婆、阿修罗、迦楼罗、摩睺罗伽、紧那罗等，各自表白道："我们将尽力共同拥护这些善男子、善女人，让他们得以讽诵受持《增一阿含经》法，使之广泛地传演流布，最终不使之中途断绝！"

原典

时，尊者阿难告优多罗曰："我今以此《增一阿含》嘱累于汝，善讽诵读，莫令漏减！所以者何？其有轻慢^①此尊经者，便为堕落为凡夫^②行。何以故？此，优多罗！《增一阿含》，出三十七道品^③之教，及诸法皆由此生。"

时，大迦叶问阿难曰："云何，阿难！《增一阿含》乃能出生三十七道品之教，及诸法皆由此生？"

阿难报言："如是^④！如是！尊者迦叶！《增一阿含》出生三十七品，及诸法皆由此生。且置《增一阿含》一偈之中，便出生三十七品及诸法。"

迦叶问言："何等偈中出生三十七品及诸法？"

时，尊者阿难便说此偈：

　　诸恶莫作，诸善奉行；

自净其意，是诸佛教。

"所以然者，诸恶莫作，是诸法本，便出生一切善法；以生善法，心意清净。是故，迦叶！诸佛世尊身、口、意行，常修清净。"

迦叶问曰："云何，阿难！《增一阿含》独出生三十七品及诸法，余四阿含⑤亦复出生乎？"

阿难报言："且置，迦叶！四阿含义，一偈之中，尽具足⑥诸佛之教，及辟支佛⑦、声闻⑧之教。所以然者，诸恶莫作，戒具之禁，清白之行；诸善奉行，心意清净；自净其意，除邪颠倒⑨；是诸佛教，去愚惑⑩想。云何，迦叶！戒清净者，意岂不净乎？意清净者，则不颠倒；以无颠倒，愚惑想灭，诸三十七道品果⑪便得成就。以成道果，岂非诸法乎？"

注释

①**轻慢**：轻人之慢。

②**凡夫**：梵语波罗，相对圣者而言，指深着五欲，浅识而住不正道，于生死迷惑中流转之人。

③**三十七道品**：又名三十七菩提分法，即四念处、四正勤、四如意足、五根、五力、七菩提分、八正道分，其数共三十七品，为修道的重要资粮。

④**如是**：为六成就中之信成就。通常置于一经之首，例如"如是我闻"中之"如是"，乃表示深信此经所记载者，皆系佛陀亲口所说之教法。

⑤**四阿含**：又作四阿笈摩，指四部阿含，即《长阿含》《中阿含》《杂阿含》《增一阿含》，为一切小乘经的部别。

⑥**具足**：具备满足之意。

⑦**辟支佛**：Paccekabuddha，又作辟支、辟支迦佛、辟支迦佛陀等，译为缘觉，或独觉。因观飞花落叶或十二因缘而开悟证道，故名缘觉；又因无师友的教导，靠自己的觉悟而成道，故又名独觉。

⑧**声闻**：Śrāvaka，指闻佛说四谛法的声教而悟道者。

⑨**颠倒**：倒见事理之意。

⑩**愚惑**：指心愚而根性迟钝。

⑪**果**：即由道力而证悟的果位。

译文

当时，阿难尊者对优多罗说："我如今以这《增一阿含》嘱托予你，好好讽诵暗读，不要使其漏失减损！为什么这样呢？那些轻视慢待这部宝经的人，就会堕落为凡人，于生死中迷惑流转。什么缘故呢？这是因为，优多罗！三十七道品的教义就是从这部《增一阿含》中阐发出来的，并且诸法也都是出于此经。"

这时，大迦叶问阿难："阿难！怎么说《增一阿含》能阐发出三十七道品的教义，并且诸法也皆出于此经呢？"

阿难答道："正是如此！正是如此！迦叶尊者！《增一阿含》阐发出三十七道品的教义，甚至诸法也皆出于此经。且在《增一阿含》的一首偈颂之中，就阐发出这三十七道品及诸法。"

迦叶问道："什么样的偈颂能阐发出三十七道品及诸法呢？"

当时，阿难尊者便说出一首偈颂：

诸恶莫作，诸善奉行；

自净其意，是诸佛教。

"所以这样，是因为诸恶莫作为诸法的根本，由此便衍生出一切善法；因生出善法，所以心意随即清净。因此，迦叶！三世诸佛世尊身、口、意的行业，便常修清净之行。"

迦叶问道："阿难！为什么《增一阿含》能阐发出三十七道品及诸法，那其余四阿含也有所阐发吗？"

阿难答道："迦叶！那四阿含的教义，尽在一偈之中，并且诸佛的教义，辟支佛及声闻的教义尽皆具足。所以这样，是因为诸恶莫作是戒律具足的禁制，是清净的梵行；诸善奉行，心意便清白清净；自净其意，便能灭除邪妄颠倒的念想；诸佛的教法，便能去除愚痴疑惑的念想。怎么样，迦叶！持戒清净，心意难道还不清净吗？心意清净，就不会虚妄颠倒；因为没有了虚妄颠倒，愚痴疑惑的念想便灭尽，这就能成就诸三十七道品的果位。成就道果，难道不就是诸法吗？"

2　如来出世

如来出世①

四四经

闻如是：

一时②，佛在舍卫国祇树给孤独园③。

尔时，世尊告诸比丘："若有一人出现于世，多饶益人，安隐④众生，愍世群萌⑤，欲使天、人获其福祐。云何为一人？所谓多萨阿竭⑥、阿罗诃⑦、三耶三佛⑧。是谓一人出现于世，多饶益人，安隐众生，愍世群萌，欲使天、人获其福祐。是故，诸比丘！常兴恭敬于如来所。

是故，诸比丘！当作是学！"

尔时，诸比丘闻佛所说，欢喜奉行！

四五经

闻如是：

一时，佛在舍卫国祇树给孤独园。

尔时，世尊告诸比丘："若有一人出现于世，便有一人入道⑨在于世间，亦有二谛⑩、三解脱门⑪、四谛真法⑫、五根⑬、六邪见⑭灭、七觉意⑮、贤圣八道品⑯、九众生居⑰、如来十力⑱、十一慈心解脱⑲，便出现于世。云何为一人？所谓多萨阿竭、阿罗诃、三耶三佛。是谓一人出现于世，便有一人入道在于世间，亦有二谛、三解脱门、四谛真法、五根、六邪见灭、七觉意、贤圣八道品、九众生居、如来十力、十一慈心解脱，便出现于世。是故，诸比丘！常兴恭敬于如来所，亦当作是学！"

尔时，诸比丘闻佛所说，欢喜奉行！

四六经

闻如是：

一时，佛在舍卫国祇树给孤独园。

尔时，世尊告诸比丘："若有一人出现于世，便有智慧光明出现于世。云何为一人？所谓多萨阿竭、阿罗诃、三耶三佛。是谓一人出现于世，便有智慧光明[20]出现于世。是故，诸比丘！当信心[21]向佛，无有倾邪。如是，诸比丘！当作是学！"

尔时，诸比丘闻佛所说，欢喜奉行！

注释

①**如来出世**：这里择选了《增一阿含经》卷三《阿须伦品》的四十四、四十五、四十六、四十七、四十八、四十九、五十、五十一、五十二经，内容叙述如来出世，诸道法及智慧光明便出现于世，多饶益人，安稳众生，使天、人获其福祐。

②**一时**：此处之时为假时，梵语三昧耶，即于诸法迁流上假立长短之时。

③**祇树给孤独园**：又作胜林、祇园精舍。祇树，即祇陀太子所有之树林之略称；给孤独园，意谓给孤独长者所献之僧园。给孤独是舍卫城富商，因为悯怜孤独、好行布施而得名。他在王舍城听闻释尊说法并皈依佛门，便购买祇陀太子的花园，并建精舍赠予释尊说法，但祇陀太子只愿出卖花园之地面，而将园中树木悉数布施，因此其园林称祇树给孤独园。

④**安隐**：同安稳，即寂静妙常、世事永息、身安心稳之意。

⑤**群萌**：指众生。萌，指草木最初发芽而没有冥昧之时，用以譬喻众生之盲昧。

⑥**多萨阿竭**：Tathāgata，译为如来，佛十尊号之一。谓乘如实之道而来，成正等正觉之意。

⑦**阿罗诃**：Arahant，译为应供，佛十尊号之一。意指应受人天之供养。

⑧**三耶三佛**：Sammā-sambuddha，又作三藐三佛陀，译为正遍知、正等觉，佛十尊号之一。能正遍了知一切之法。

⑨**入道**：舍世法入佛道之意，即出家。

⑩**二谛**：即真、俗二谛。真谛又名第一义谛，或胜义谛，为圣人所见所体悟的真理，亦即内证离言法性；俗谛又名世俗谛，为世俗凡夫所认知的真理。

⑪**三解脱门**：即空解脱门、无愿解脱门、无相解脱门。空解脱是观一切法，由因缘而生，自性本空，无作者，无受者，如此通达者，能悟入涅槃；无愿解脱又云无作解脱，是于一切生死法中，愿求离造作之念，不生希求后世之有，以悟入涅槃；无相解脱是了知四大五蕴皆空，根身为假和合之相，离去人我执相，而悟入小乘的涅槃寂静。

⑫**四谛真法**：即四圣谛，谛，梵语 Satya，巴利语 Sacca，审实不虚之义。即指苦、集、灭、道四种正确无误之真理。此四者皆真实不虚，故称四谛、四真谛；又此四者为圣者所知见，故称四圣谛。四谛大体上乃佛教用以解释宇宙现象的"十二缘起说"之归纳，为原始佛教教义之大纲，乃释尊最初之说法。四谛依次称为苦圣谛、苦集圣谛、苦灭圣谛、苦灭道圣谛，或苦圣谛、苦习谛、苦灭谛、苦灭道圣谛，或苦谛、苦集谛、苦尽谛、苦出要谛，或苦圣谛、集圣谛、真圣谛、道圣谛。其中，苦与集表示迷妄世界之果与因，而灭与道表示证悟世界之果与因；即世间有漏之果为苦谛，世间有漏之因为集谛，出世无漏之果为灭谛，出世无漏之因为道谛。

⑬**五根**：根具有二义，（一）能持义，如树有根，能持所生枝叶，不致焦枯；（二）能生义，能生花果，令得成熟。五根指信、精进、念、定、慧，此五法能出生、导致解脱，故称五根。

⑭**六邪见**：即（一）有我见审有此见；（二）无有我见审兴此见；（三）有我见无我见于中起审见；（四）于己而不见己；（五）于无我而不见无我；（六）我者即是今世，亦是后世，常存于世而不朽败，亦不变易，复不移动。巴利文《增支部》作,（一）彼真实生起有我的"我"之见；（二）彼真实生起无有我的"我"之见；（三）彼

真实生起我由"我"想"我"之见；（四）彼真实生起我由"我"想"无我"之见；（五）彼真实生起我由"无我"想"我"之见；（六）彼生起如是见：我所言之此"我"者，由于彼彼处受善恶业之果报而可得知；彼我之此"我"是常住、常恒、恒存，非变易法，为永存。

⑮**七觉意：**又作七觉支、七等觉支、七菩提分、七觉分、七圣觉，为五根五力所显发的七种觉悟，即由前慧力所发真正无漏之智，善能觉了。觉法分七种，故称支或分。即（一）择法菩提分，即以智慧简择法的真伪。（二）精进菩提分，即以勇猛心，力行正法。（三）喜菩提分，即心得善法，而生欢喜。（四）轻安菩提分，即除去身心粗重烦恼，而得轻快安乐。（五）念菩提分，即时刻观念正法，而令定慧均等。（六）定菩提分，即心唯一境，而不散乱。（七）舍菩提分，即舍离一切虚妄之法，而力行正法。

⑯**贤圣八道品：**又作八圣道分、八正道分。"圣"即正，无漏圣法谓正，能通涅槃谓道。由前择法觉分，不依偏邪，故入圣道。

⑰**九众生居：**又作九有、九有情居、九居，为三界有情乐居之住处，即人天、梵天、光音天、遍净天、无想天、空处、识处、无所有处（不用处）、有想无想处。

⑱**十力：**指如来所具之十种力用，（一）知觉处非处

智力，即能知一切事物的道理和非道理的智力。（二）知三世业报智力，即能知一切众生三世因果业报的智力。（三）知诸禅解脱三昧智力，即能知各种禅定及解脱三三昧等的智力。（四）知诸根胜劣智力，即能知众生根性的胜劣与得果大小的智力。（五）知种种解智力，即能知一切众生种种知解的智力。（六）知种种界智力，即能普知众生种种境界不同的智力。（七）知一切至所道智力，即能知一切众生行道因果的智力。（八）知天眼无碍智力，即能以天眼见众生生死及善恶业缘而无障碍的智力。（九）知宿命无漏智力，即知众生宿命及知无漏涅槃的智力。（十）知永断习气智力，于一切妄惑余气，永断不生，能如实知之的智力。

⑲**十一慈心解脱**：如果众生修行慈心解脱，广布其义，为人演说，就可获得十一果报，即卧安，觉安，不见恶梦，天护，人爱，不毒，不兵，水、火、盗贼终不侵扰，若身坏命终，生梵天上。

⑳**光明**：自莹谓之光，照物谓之明。有二种功用，一是破暗，二是现法。佛的光明，就是智慧之相。

㉑**信心**：对所闻之法生起信仰的心。

译文

四四经

我亲自听佛这样说：

那时，佛在舍卫国的祇树给孤独园。

当时，世尊告诫诸比丘说："如果有一个人出现于世间，人们就会多有饶益，众生就能身安心稳，他哀愍世间的盲昧众生，要让天、人获得他的福祐。是哪一个人呢？就是所说的如来、应供、正遍知。这就是如来出现于世间，人们就会多有饶益，众生就能身安心稳，他哀愍世间的盲昧众生，要让天、人获得他的福祐。因此，诸比丘！应常常心生恭敬奉事于如来。因此，诸比丘！应当如是修习！"

当时，诸比丘闻听佛所说的话，都欢喜地奉承持行！

四五经

我亲自听佛这样说：

那时，佛在舍卫国的祇树给孤独园。

当时，世尊告诫诸比丘说："如果有一个人出现于世间，便会有一个人在世间舍世法而入佛道，也会有二谛、三解脱门、四谛真法、五根、六邪见灭、七觉意、贤圣八道品、九众生居、如来十力、十一慈心解脱，出现于世间。是哪一个人呢？就是所谓的如来、应供、正遍知。这就是说如来出现于世间，便会在世间舍世法而入佛道，也会有二谛、三解脱门、四谛真法、五根、六邪见灭、七觉意、贤圣八道品、九众生居、如来十力、十一慈心解脱，出现于世间。因此，诸比丘！应当常常心生恭敬奉事于如来，还应当如是修习！"

当时，诸比丘闻听佛所说的话，都欢喜地奉承持行！

四六经

我亲自听佛这样说：

那时，佛在舍卫国的祇树给孤独园。

当时，世尊告诫诸比丘说："如果有一个人出现于世间，就会有智慧的光明出现于世间。是哪一个人呢？就是所说的如来、应供、正遍知。这就是说如来出现于世间，就会有智慧的光明出现于世间。因此，诸比丘！应当对佛有信心，不要有邪见之心。如此，诸比丘！应当如是修习！"

当时，诸比丘闻听佛所说的话，都欢喜地奉承持行！

四七经

闻如是：

一时，佛在舍卫国祇树给孤独园。

尔时，世尊告诸比丘："若有一人出现于世，无明大冥①便自消灭②。尔时，凡愚之士为此无明所见缠结③，生死所趣，如实不知，周旋往来今世、后世，从劫至劫，无有解已；若多萨阿竭、阿罗诃、三耶三佛出现世时，无明大暗便自消灭。是故，诸比丘！当念承事诸佛。如是，诸比丘！当作是学！"

尔时，诸比丘闻佛所说，欢喜奉行！

四八经

闻如是：

一时，佛在舍卫国祇树给孤独园。

尔时，世尊告诸比丘："若有一人出现于世，便有三十七品出现于世。云何三十七品道？所谓四意止④、四意断⑤、四神足⑥、五根、五力⑦、七觉意、八真行⑧，便出现于世。云何为一人？所谓多萨阿竭、阿罗诃、三耶三佛。是故，诸比丘！常当承事于佛，亦当作是学！"

尔时，诸比丘闻佛所说，欢喜奉行！

四九经

闻如是：

一时，佛在舍卫国祇树给孤独园。

尔时，世尊告诸比丘："若有一人没尽于世，人民之类多怀愁忧，天及人民普失荫覆。云何为一人？所谓多萨阿竭、阿罗诃、三耶三佛。是谓一人没尽于世，人民之类多怀愁忧，天及人民普失荫覆。所以然者，若多萨阿竭于世灭尽，三十七品亦复灭尽。是故，诸比丘！常当恭敬于佛。如是，诸比丘！当作是学！"

尔时，诸比丘闻佛所说，欢喜奉行！

五〇经

闻如是：

一时，佛在舍卫国祇树给孤独园。

尔时，世尊告诸比丘："若有一人出现于世，尔时天及人民便蒙光泽，便有信心于戒、闻、施、智慧，犹如秋时月光盛满而无尘秽，普有所照。此亦如是，若多萨阿竭、阿罗诃、三耶三佛出现世间，天及人民便蒙光泽，有信心于戒、闻、施、智慧，如月盛满，普照一切。是故，诸比丘！兴恭敬心于如来所。如是，诸比丘！当作是学！"

尔时，诸比丘闻佛所说，欢喜奉行！

五一经

闻如是：

一时，佛在舍卫国祇树给孤独园。

尔时，世尊告诸比丘："若有一人出现于世，尔时天及人民皆悉炽盛。三恶⑨众生便自减少。犹如国界圣王治化时，彼城中人民炽盛，邻国力弱。此亦如是，若多萨阿竭出现世时，三恶趣道便自减少。如是，诸比丘！当信向佛。是故，诸比丘！当作是学！"

尔时，诸比丘闻佛所说，欢喜奉行！

五二经

闻如是：

一时，佛在舍卫国祇树给孤独园。

尔时，世尊告诸比丘："若有一人出现于世，无与等者，不可摸则，独步无侣，无有俦匹，诸天、人民无能及者，信、戒、闻、施、智慧，无能及者。云何为一人？所谓多萨阿竭、阿罗诃、三耶三佛。是谓一人出现于世，无与等者，不可摸则，独步无伴，无有俦匹，诸天、人民无能及者，信、戒、闻、施、智慧，皆悉具足。是故，诸比丘！当信敬于佛。如是，诸比丘！当作是学！"

尔时，诸比丘闻佛所说，欢喜奉行！

注释

①**冥**：无知的别名。无知有二种，一是染污无知，二是不染污无知。

②**消灭**：恶事苦恼的消亡灭尽。

③**缠结**：缠，烦恼的别名，因烦恼能缠缚吾人的身心，使不得自在。结，烦恼的别名，因烦恼能系缚众生的身心，使不能解脱，永沦生死。

④**四意止**：又作四念处，念是能观之智，处属所观之境，以智观境为念处。即以自相、共相，观身不净、受是苦、心无常、法无我，以次第对治净、乐、常、我等颠倒之观法。

⑤**四意断**：又作四正勤、四正断、四正胜，意中决定，而断行之，故名四意断。即，已生恶法令断灭、未生恶法令不生、未生善法令生起、已生善法令增长。此

四正勤就是精进，精进勤劳修习四种道法，以策励身口意，断恶生善。

⑥**四神足**：又作四如意足，能发神通，所愿皆遂，故名如意足。欲神足是希慕欲乐，勤神足是精进无间，心神足是一心正念，观神足是心不驰散。这四种定力摄心，能使定慧均等，神力充沛。

⑦**五力**：五根增长，具大力用，不为他法所伏，而能摧伏他法（疑惑、懈怠等），依此五法修行，能得五种力量，叫作五力，即信力、精进力、念力、定力、慧力。信力是信根增长，能破诸邪信；精进力是精进根增长，能破身之懈怠；念力是念根增长，能破诸邪念；定力是定根增长，能破诸乱想；慧力是慧根增长，能破三界之诸惑。

⑧**八真行**：即八正道。

⑨**三恶**：即三恶道，指地狱、饿鬼、畜生。地狱属上恶，饿鬼属中恶，畜生属下恶。

译文

四七经

我亲自听佛这样说：

那时，佛在舍卫国的祇树给孤独园。

当时，世尊告诫诸比丘说："如果有一个人出现于世间，无明大冥便会自行消亡灭尽。当时，愚痴的凡夫俗士被这无明烦恼所缠缚，趣向生死轮转的六道中，对真如实相毫无知晓，在今世、后世中周旋轮回，从此劫而到彼劫，永远没有解脱；如果如来、应供、正遍知出现于世间的时候，无明大暗便会自行消亡灭尽。因此，诸比丘！当思念奉承侍事诸佛。如此，诸比丘！应当如是修习！"

当时，诸比丘闻听佛所说的话，都欢喜地奉承持行！

四八经

我亲自听佛这样说：

那时，佛在舍卫国的祇树给孤独园。

当时，世尊告诫诸比丘说："如果有一个人出现于世间，就会有三十七道品出现于世间。是哪三十七道品呢？就是所谓的四意止、四意断、四神足、五根、五力、七觉意、八真行，便会出现于世间。是哪一个人呢？就是所谓的如来、应供、正遍知。因此，诸比丘！应当常常奉承侍事于佛，还应如是修习！"

当时，诸比丘闻听佛所说的话，都欢喜地奉承持行！

四九经

我亲自听佛这样说：

那时，佛在舍卫国的祇树给孤独园。

当时，世尊告诫诸比丘说："如果有一个人在世间湮没消失，人们心中都会忧愁，天、人都普遍失去荫蔽覆护。是哪一个人呢？就是所谓的如来、应供、正遍知。这就是说如来在世间湮没消失，人们心中都会忧愁，天、人都普遍失去荫蔽覆护。所以这样，是因为如果如来从世间湮没消失，三十七道品也将要湮没消亡。因此，诸比丘！应当常常恭敬奉事于佛。如此，诸比丘！应当如是修习！"

当时，诸比丘闻听佛所说的话，都欢喜地奉承持行！

五〇经

我亲自听佛这样说：

那时，佛在舍卫国的祇树给孤独园。

当时，世尊告诫诸比丘说："如果有一个人出现于世间，那时天、人就会蒙受光明的泽被，就会对戒、闻、施、智慧具有信心，犹如深秋之时的月光丰盈盛满，而没有尘垢污秽，光芒普照一切。这也就是说，如果如来、应供、正遍知出现于世间，天、人就会蒙受光明的泽被，就会对戒、闻、施、智慧具有信心，犹如月光丰盈盛满，普照一切。因此，诸比丘！心生恭敬之心奉事于如来。如此，诸比丘！应当如是修习！"

当时，诸比丘闻听佛所说的话，都欢喜地奉承持行！

五一经

我亲自听佛这样说：

那时，佛在舍卫国的祇树给孤独园。

当时，世尊告诫诸比丘说："如果有一个人出现于世间，那时天、人全都众多盈盛。三恶道的众生就会自行减少。犹如国家在圣贤之王治化时，他城中的人民就会众多盈盛，而邻近国家的力量就会衰弱。这也就是说，如果如来出现于世间，三恶道的众生就会自行减少。如此，诸比丘！应当对佛有信心。因此，诸比丘！应当如是修习！"

当时，诸比丘闻听佛所说的话，都欢喜地奉承持行！

五二经

我亲自听佛这样说：

那时，佛在舍卫国的祇树给孤独园。

当时，世尊告诫诸比丘说："如果有一个人出现于世间，没有人可以与他相比，他的境界无法揣摩测度，独步世间没有旅伴，也没有人可以匹配他，诸天、人没有能相及的，信、戒、闻、施、智慧等修持，也没有人可以匹及的。是哪一个人呢？就是所谓的如来、应供、正遍知。这就是说如来出现于世间，没有人可以与他相比，他的境界无法揣摩测度，独步世间没有旅伴，没有人可以匹配他，诸天、人没有能相及的，信、戒、闻、施、智慧，全都具足圆满。因此，诸比丘！应当对佛信仰恭敬。如此，诸比丘！应当如是修习！"

当时，诸比丘闻听佛所说的话，都欢喜地奉承持行！

3 缘起经

缘起经①

四三八经

闻如是:

一时,佛在舍卫国祇树给孤独园。

尔时,世尊告诸比丘:"今当说因缘之法,善思念之,修习其行。"

诸比丘白佛言:"唯然,世尊!"尔时,诸比丘从佛受教。

世尊告曰:"彼云何名为因缘之法?所谓无明②缘③

行，行缘识④，识缘名色⑤，名色缘六入⑥，六入缘更乐⑦，更乐缘痛⑧，痛缘爱⑨，爱缘受⑩，受缘有⑪，有缘生，生缘死，死缘忧、悲、苦、恼，不可称计，如是成此五阴⑫之身。

"彼云何名为无明？所谓不知苦，不知集，不知尽，不知道⑬，此名为无明。

"彼云何名为行？所谓行者有三种。云何为三？所谓身行、口行、意行，是谓为行。

"彼云何名为识？所谓六识身是也。云何为六？所谓眼、耳、鼻、舌、身、意识，是谓为识。

"云何名为名⑭？所谓名者，痛、想、念、更乐、思维，是为名。

"彼云何为色⑮？所谓四大⑯身及四大身所造色，是谓名为色，色异、名异，故曰名色。

"彼云何六入？内六入。云何为六？所谓眼、耳、鼻、舌、身、意入，是谓六入。

"彼云何名为更乐？所谓六更乐身。云何为六？所谓眼、耳、鼻、舌、身、意更乐，是谓名为更乐。

"彼云何为痛？所谓三痛。云何为三？所谓乐痛、苦痛、不苦不乐痛，是谓名为痛。

"彼云何名为爱？所谓三爱身是也。欲爱、有爱、无有爱，是谓为爱。

"云何为受？所谓四受^⑰是。云何为四？所谓欲受、见受、戒受、我受，是谓四受。

"彼云何为有？所谓三有^⑱。云何为三？欲有、色有、无色有，是名为有。

"彼云何为生？所谓生者，等具出处，受诸有^⑲，得五阴，受诸入^⑳，是谓为生。

"彼云何为老？所谓彼彼众生，于此身分，齿落发白，气力劣竭，诸根^㉑纯熟，寿命日衰，无复本识^㉒，是谓为老。

"云何为死？所谓彼彼众生，展转受形，身体无煴，无常变易，五亲分张，舍五阴身，命根^㉓断坏，是谓为死。比丘当知：故名为老、病、死，此名为因缘之法，广分别其义。诸佛如来所应施行起大慈哀，吾今已办。当念在树下露^㉔坐，若在冢间，当念坐禅^㉕，勿怀恐难。今不精勤，后悔无益！"

注释

①缘起经：本经为《增一阿含经》之《放牛品》的四三八经和《力品》的三三六经。内容是释十二缘起义。十二缘起又称因缘，即无明、行、识、名色、六入、触、受、爱、取、有、生、老死等，称十二支，是对人

之生死活动的分析。这十二因缘如十二重城，众生如生活在长狱之中，只有摆脱这十二重城才能免遭轮回之苦。缘起，是说世间一切事物都是由众缘和合而生起的。十二因缘是释迦牟尼创立的最初形态的缘起说。

②**无明**：梵语阿尾儞，即暗钝之心不明诸法事理，为愚痴的异名，是三毒之一，由无明引起种种烦恼。有两无明、四无明及十五种无明等说法。

③**缘**：攀缘之义。人的心识攀缘于一切境界，如眼识攀缘色境而能见之，身识攀缘触境而能觉之，因而心识为能缘，其境界为所缘，其心识向境界而动用，就是缘。缘就是心的虑知，又称作缘虑。

④**识**：梵语婆里惹儞，心的异名，明了分别之义。心对于境了别名为识。

⑤**名色**：在十二因缘中，人在母胎中渐渐生长，五蕴完具的时候，叫作名色支。

⑥**六入**：眼入色、耳入声、鼻入香、舌入味、身入触、意入法。六入是六根的别名，入是涉入之义，谓根境互相涉入，或根境均为识之所入的缘故。又作六处，处是出生之义，谓出生六识之处，指六根缘六尘，生起六识的缘故。

⑦**更乐**：即触，指二三岁期间对于事物未识别其苦乐，欲触物而觉之。因为此生再度触识苦乐，故名更乐。

⑧**痛：**即受，人类的感官与外界接触时所产生的感受，分为三类，即乐受、苦受、不苦不乐受。

⑨**爱：**染着、贪物之意。

⑩**受：**此处为取，取为对所爱的境界执取追求。

⑪**有：**此处为成业因能招感未来果报之意。

⑫**五阴：**又作五蕴，阴是障蔽之意，能荫覆真如法性，起诸烦恼。蕴是积集之意，五蕴即色蕴、受蕴、想蕴、行蕴、识蕴。此五蕴之中，前一种属于物质，后四种属于精神，是构成人身的五种要素。是对人和人的意识活动的概括，也是物质和精神的总和。

⑬**苦……集……尽……道：**又作苦集灭道，即四谛。此四谛谓四种正确无误的真理。（一）苦谛，泛指逼迫身心苦恼之状态，世俗之一切，本质皆苦。（二）集谛，集，招聚之义。审察一切烦恼惑业，实能招集三界生死苦果。集谛即是世间人生诸苦之生起及其根源之真谛。（三）尽谛，亦称灭谛。灭，即寂灭；审察断除苦之根本——欲爱。灭谛即关于灭尽苦、集之真谛。（四）道谛，道，能通之义。审察灭苦之道，乃正见、正思维、正语、正业、正命、正精进、正念、正定等八正道，若遵此修行，则可解脱苦、集二谛，臻至寂静涅槃之境。道谛即为八正道之真谛。

⑭**名：**指精神（心）方面，此乃因五蕴中受、想、

行、识等四蕴为心法，无形体可见，而须借名以诠显之，故称为名。

⑮**色**：指一切有形象和占有空间的物质。色可分为内色、外色、显色、表色、形色。内色是指眼耳鼻舌身五根，因属于内身，故名内色；外色是指色声香味触五境，因属于外境，故名外色；显色是指我们常见的各种颜色，如青黄赤白等等；表色是指有情众生色身的各种动作，如取舍伸屈等等的表相；形色是指物体的形状，如长短方圆等等。

⑯**四大**：即地大、水大、火大、风大。地以坚硬为性，水以潮湿为性，火以温暖为性，风以流动为性。世间的一切有形物质，都是由四大所造，如人体的毛发爪牙、皮骨筋肉等是坚硬性的地大；唾涕脓血、痰泪便利等是潮湿性的水大；温度暖气是温暖性的火大；一呼一吸是流动性的风大。

⑰**四受**：即四取，为欲取、见取、戒取、我语取。欲取是贪欲取着色声香味触等五尘之境；见取是妄计取着五蕴之法为我见边见等；戒取是取着执行非理之禁戒；我语取是取着发自我见我慢等的说法。

⑱**三有**：即三界的别名。生死的境界，有因有果所以叫作有。三有就是三界的生死。一欲有，即欲界的生死；二色有，即色界的生死；三无色有，即无色界的生

死。

⑲**诸有**：有三有、四有、七有、九有、二十五有之别，总之谓诸有。

⑳**诸入**：即六入。

㉑**诸根**：指眼、耳、鼻、舌、身、意六根。

㉒**本识**：是有为无为诸法的根本，阿赖耶识的别名。

㉓**命根**：命即寿，由过去之业而生，因而一期之间维持暖与识，名为命；命能持暖与识，故名根。

㉔**树下露**：即树下与露地，为十六资具之处六种的二种。

㉕**坐禅**：静坐修禅，即止息妄念以便明心见性的行法。

译文

四三八经

我亲自听佛这样说：

那时，佛在舍卫国的祇树给孤独园。

当时，世尊告诫诸比丘："现在将演说因缘之法，好好思考，修习其行。"

诸比丘对佛说："是的，世尊！"当时，诸比丘随从佛接受教诫。

世尊对比丘说："那为什么叫因缘之法呢？就是所说的无明缘行，行缘识，识缘名色，名色缘六入，六入缘触，触缘受，受缘爱，爱缘取，取缘有，有缘生，生缘死，死缘忧、悲、苦、恼，不可胜数，如此构成这五阴身体。

"那什么叫无明？就是所说的不知晓苦，不知晓集，不知晓灭，不知晓道，这就叫作无明。

"那什么叫行？所谓行，有三种。哪三种呢？就是所说的身行、口行、意行，这就是行。

"那什么叫识？所说的六识身就是这识。哪六识？就是眼、耳、鼻、舌、身、意识，这就是识。

"什么叫名？所说的名，就是受、想、念、触、思维，这就是名。

"那什么是色？就是所说的四大身及四大身所造作的色，这就是名为色，色不同、名不同，因此叫名色。

"那什么是六入？就是内六入。哪六入？就是眼、耳、鼻、舌、身、意入，这就是六入。

"那什么叫触？就是所说的六触身。哪六触？就是眼、耳、鼻、舌、身、意触，这就叫作触。

"那什么是受呢？就是所说的三受。哪三受？就是乐受、苦受、不苦不乐受，这就叫受。

"那什么叫爱？就是所说的三爱身。欲爱、有爱、无有爱，这就是爱。

　　"什么是取？就是所说的四取。哪四取呢？就是欲取、见取、戒取、我语取，这就是四取。

　　"那什么是有呢？就是所说的三有。哪三有？就是欲有、色有、无色有，这就叫作有。

　　"那什么是生呢？所说的生，就是等类身种和合出生，显现诸有，获得五阴，显现诸入，这就是生。

　　"那什么是老呢？就是所说的彼彼众生，在这肉身上，牙齿脱落头发变白，气力衰竭不振，诸根纯熟，寿命日益衰减，逐渐不再有本识，这就是老。

　　"什么是死？就是所说的彼彼众生，辗转而获受身形，身体没有微煜，无常而变易不止，眼耳鼻舌身分解离散，舍弃五阴之身，命根断离坏损，这就是死。比丘要知道：因此叫老、病、死，这就叫作因缘之法，广泛分别其教义。诸佛如来所应施行的心生大慈悲，我如今已断尽三界的见思二惑。应思念在树下露地安坐，犹如在坟冢之间，应思念坐禅，不要心怀慌恐畏惧。现在不精进勤修，将后悔不已而无所增益！"

原典

　　尔时，阿难白世尊言："如来与诸比丘说甚深缘本，然我观察无甚深之义。"

　　世尊告曰："止！止！阿难！勿兴此意。所以然者，十二因缘①者极为甚深，非是常人所能明晓。我昔未觉此因缘法时，流浪生死，无有出期②。又复，阿难！不但今日汝言因缘不甚深，昔日已来言不甚深也。所以然者，乃昔过去世时，有须焰③阿须伦王窃生此念：欲捉日月。出大海水，化身④极大，海水齐腰。

　　"尔时，彼阿须伦王有儿名拘那罗⑤，自白其父：'我今欲于海水沐浴。'须焰阿须伦报曰：'莫乐海水中浴。所以然者，海水极深且广，终不堪住海水中浴。'时，拘那罗白言：'我今观水齐大王腰。何以故复言甚深？'是时，阿须伦王即取儿着大海水中。尔时，阿须伦儿足不至水底，极怀恐怖。尔时，须焰告其子曰：'我先敕汝，海水甚深，汝言无苦。唯我能在大海水洗浴，非汝所能洗浴。'

　　"尔时须焰阿须伦者，岂异人乎？莫作是观。所以然者，须焰者即我身是也。尔时阿须伦儿，即汝身是也。尔时海水甚深，汝言无苦，今复言十二因缘甚深之法，汝复言无是甚深，其有众生不解十二缘法，流转生死，无有出期。皆悉迷惑，不识行本，于今世至后世，从后世至今世，永在五恼⑥之中，求出甚难。我初成佛道，思维十二因缘，降伏魔⑦官属，以除无明而得慧明⑧，诸暗⑨永除，无尘垢⑩。又我，阿难！三转十二说⑪此缘本时，即成觉道⑫。以此方便，知十二缘法极为甚深，非常人所能宣畅。如是，阿难！当念甚深，奉持此十二因缘之法。当念作是学！"

尔时，阿难闻佛所说，欢喜奉行！

注释

①**十二因缘**：又名十二缘起，或十二有支，是说明有情生死流转的过程。有即世间所有，支即支分，谓所有生死流转，皆不出此十二支分，故名十二有支。十二因缘是无明（贪嗔痴等烦恼为生死的根本）、行（造作诸业）、识（业识投胎）、名色（但有胎形六根未具）、六入（胎儿长成眼等六根的人形）、触（出胎与外境接触）、受（与外境接触生起苦乐的感受）、爱（对境生爱欲）、取（追求造作）、有（成业因能招感未来果报）、生（再受未来五蕴身）、老死（未来之身又渐老而死）。以上十二支，包括三世起惑、造业、受生等一切因果，周而复始，至于无穷。

②**出期**：出离生死苦恼的日期。

③**须焰**：又作须夜摩，为欲界六天中之第三重天，译为时分、善分。因善知时分受五欲之乐的缘故。

④**化身**：又名应身，或变化身，即佛为了济度众生而变化出来的身，为佛三身之一。

⑤**拘那罗**：Kunāla，又作鸠那罗、拘拏罗，鸟名，译为好眼鸟。

⑥**五恼**：又作五结，即贪结、恚结、慢结、嫉结、悭结。结是烦恼的别名，因烦恼能结缚众生，使流转于三界。

⑦**魔**：梵语魔罗。译为能夺命、障碍、扰乱、破坏等，即能害人性命和障碍扰乱人们修道的恶魔，欲界第六天之天主即是魔王。

⑧**明**：智慧的别名。

⑨**暗**：又作庵，暗之义。

⑩**尘垢**：烦恼的通称。

⑪**三转十二说**：又作三转十二法轮，三转为三转法轮的略称。佛成道后，首在鹿野苑，说四谛法，度五比丘，是为初转法轮。嗣后又复重说三次，故亦称三转法轮。三转的不同处是：一、示转，佛对利根者说：此是苦，逼迫性；此是集，招感性；此是灭，可证性；此是道，可修性，使其一闻即悟。二、劝转，佛对中根说：

此是苦，汝应知；此是集，汝应断；此是灭，汝应证；此是道，汝应修，使其信受奉行。三、证转，佛恐钝根人仍不能信解，于是便引己为证，以明非虚，即：此是苦，我已知；此是集，我已断；此是灭，我已证；此是道，我已修，使其破除疑虑。

⑫觉道：即大觉之道，正觉的大道。

译文

当时，阿难对世尊说："如来对诸比丘演说的甚深的缘起，在我看来并不是什么甚深的教义。"

世尊说道："停！停！阿难！不要心生这种意念。所以这样，是因为十二因缘是极为深奥的，并不是寻常之人所能明了知晓的。我过去没有觉悟这因缘法时，在生死轮回中流转，没有出离生死烦恼的时日。还有，阿难！不只是今天你才说这因缘不是极为深奥，从往昔以来就已经说过这因缘不是极为深奥。所以这样，是在往昔过去世的时候，有一位须焰阿须伦王曾暗自产生这样的想法：想要捉拿太阳月亮。于是就从大海中出来，将身体变化为极大，海水只到其腰部。

"当时，那阿须伦王有一个儿子名叫拘那罗，自己对父亲说：'我现在想要在海水中沐浴。'须焰阿须伦答道：'不要耽乐在海水中沐浴。所以这样，是因为海水极深且广阔，你终究不能在海水中沐浴。'当时，拘那罗对其父说：'我现在观看这海水只到大王的腰部。为什么缘故又说海水很深呢？'这时，阿须伦王当即拿起儿子放入大海之中。当时，阿须伦的儿子双脚达不到海底，便心中极为恐怖。当时，须焰阿须伦告诫其儿子说：'我先前曾告诫你，这海水非常深，你说没有问题。只有我能在这大海的水中洗浴，不是你所能在这里沐浴的。'

"当时的须焰阿须伦，难道是别人吗？不要这样认为。所以这样，因须焰阿须伦就是我。当时阿须伦的儿子，就是你阿难。当时，海水非常深，你说没有问题，如今再演说十二因缘这甚深之法，你又说没有什么深奥。有众生不解悟十二因缘之法，于生死轮回中流转，没有出离生死烦恼的时日。全都迷惑，不识造作之根本，于今世到后世，从后世又到今世，永远在五种烦恼之中流转，寻求出离非常艰难。我当初成就佛道，思考这十二因缘，降伏那魔王所属魔民魔众，因灭除无明而获得智慧，诸昏暗永远除尽，没有烦恼尘垢。另外，阿难！我三转十二法轮演说这缘起根本的时候，就成就了正觉的大道。以这随方便之法，知晓十二因缘法极为深奥，不是寻常之人所能教导宣扬的。如此，阿难！当思考奉持这甚为深奥的十二因缘之法。应思考修习这法义！"

当时，阿难闻听佛所说的话，便欢喜地奉承行持教诲！

原典

三三六经

闻如是：

一时，佛在舍卫国祇树给孤独园。

尔时，世尊告诸比丘："我本为菩萨时，未成佛道中有此念：此世间极为勤苦；有生、有老、有病、有死，然此五盛阴不得尽本原。是时，我复作是念：由何因缘有生、老、病、死？复由何因缘致此灾患？当思维此时，复生此念：有生则有老、病、死。

"尔时，当思维是时，复更生念：由何因缘有生？此由有而生。复生此念：有者，何由而有？当思维是时，便生此念：此有由受而有。复念：此受何由而有？尔时，以智观之，由爱而有受。复更思维：此爱何由而生？重观察之，由痛而有爱。复更思维：此痛何由而生？当作是观察时，由更乐而有此痛。复重思维：此更乐何由而有？我生此念时，缘六入而有此更乐。时我重思维：此六入何由而有？观察是时，由名色而有六入。时我复作是念：名色何由而有？观察是时，由识而有名色。此识何由而有？观察是时，由行生识。时我复作是念：行何由而生？观察是时，行由痴而生。

"无明缘行，行缘识，识缘名色，名色缘六入，六入缘更乐，更乐缘痛，痛缘爱，爱缘受，受缘有，有缘生，生缘死，死缘愁、忧、苦、恼，不可称计。如是名为苦盛阴所集。

"我尔时复作是念：由何因缘灭生、老、病、死？我观察是时，生灭，老、病、死灭。时复生此念：由何而无生？观此生原有灭，生则灭。复念：由何而无有？时生此念：无受则无有。时我生此念：由何灭受？观察是时，爱灭，受则灭。复生此念：由何而灭爱？重更观察，痛灭，爱则灭。复思维：由何而灭痛？观察是时，更乐灭，则痛灭。复思维：更乐何由而灭？观察是时，六入灭，则更乐灭。复观此六入何由而灭？当观察时，名色灭，则六入灭。复观名色何由而灭？识灭，则名色灭。复观察此识何由而灭？行灭，则识灭。复观此行何由而灭？痴灭，则行灭；行灭，则识灭；识灭，则名色灭；名色灭，则六入灭；六入灭，则更乐灭；更乐灭，则痛灭；痛灭，则爱灭；爱灭，则受灭；受灭，则有灭；有灭，则生灭；生灭，则老、病灭；老、病灭，则死灭，是谓名为五盛阴灭。

"时我复生此念：此识最为原首，令人致此生、老、病、死；然不能知此生、老、病、死之原本。犹如有人在山林中，行逐小径道。小复前行，见旧大道，古昔诸人在中行处。是时，彼人便复行此道，小复前进，见旧城郭、园观、浴池，皆悉茂盛，但彼城中无有居民。此人见已，还归本国，前白王言：'昨游山林见好城郭，树木繁茂，但彼城中无有人民。大王！可使人民在彼城止住？'是时，国王闻此人语，即居止人民；然此城郭还复如故，人民炽盛，快乐无比。

"诸比丘当知：我昔未成菩萨时，在山中学道，见古昔诸佛所游行处，便从彼道，即知生、老、病、死所起原本，有生有灭，皆悉分别，知生苦、生集、生尽、生道，皆悉了知，有、受、爱、痛、更乐、六入、名色、识、行、痴亦复如是。无明起则行起，行所造者复由于识。我今以明于识，今与四部之众而说此本；皆当知此原本所起，知苦、知集、知尽、知道，念使分明，以知六入，则知生、老、病、死，六入灭，则生、老、病、死灭。是故，比丘！当求方便，灭于六入。如是，诸比丘！当作是学！"

尔时，诸比丘闻佛所说，欢喜奉行！

译文

三三六经

我亲自听佛这样说：

那时，佛在舍卫国的祇树给孤独园。

当时，世尊告诉诸比丘说："我原本行菩萨道时，在未成就佛道时就产生了这样的想法：这个世间极为辛勤劳苦；有生、有老、有病、有死，然而这虚妄的五阴炽燃，使人不能得以见至世间的实相。这时，我又产生这种念头：由于什么因缘才有生、老、病、死呢？又由于什么因缘招致这些灾患呢？当我思考到这些时，又产生了这种念头：有生才有老、病、死。

"当时，我思考到这些时，另外又产生这种念头：由于什么因缘才有生呢？这是由于有才有生。又产生这种念头：有，是由于什么才有有呢？当我思考到这时，就产生这种念头：这有是由于取才有的。又这样想：这取是由于什么因缘才有呢？当时，我以智慧观察得知，是由于爱才有取的。另外又思考：这爱是由于什么因缘才产生的呢？再次观察得知，是由于受才有爱的。另外又思考到：这受是由于什么因缘才产生的呢？当我进行这种观察之时，得知是由于触才有这受的。我又再次思考到：这触是由于什么才有的呢？我心生这种念头时，得知是缘于六入才有这触的。当时我再次思考到：这六入是由于什么因缘才有的呢？我观察这些时，得知是由于名色才有六入的。当时我又产生了这种念头：名色是由于什么因缘才有的呢？观察到这时，得知是由于识才有名色的。那这识是由于什么因缘才有的呢？观察到这时，得知是由于行才产生识的。当时我又产生这种念头：行是由于什么因缘才产生的呢？观察到这时，得知行是由于痴才产生的。

"无明缘于行，行缘于识，识缘于名色，名色缘于六入，六入缘于触，触缘于受，受缘于爱，爱缘于取，取缘于有，有缘于生，生缘于死，死缘于愁、忧、苦、恼，不可胜数。这就叫作苦盛阴所聚集。

"我当时又产生这种想法：由于什么因缘而灭尽生、老、病、死呢？我观察这些时，得知生灭尽，老、病、死就会灭尽。当时又产生这种想法：由于什么因缘才没有生呢？观察这生的原本之有灭尽，生才会灭尽。又想到：由于什么因缘才没有有呢？当时便产生这种念头：没有取就没有有。当时我产生这种念头：由于什么因缘灭尽取呢？观察这些时，得知爱灭尽，取就会灭尽。又产生这种想法：由于什么因缘才灭尽爱呢？另外再观察，得知受灭尽，爱才灭尽。又思考到：由于什么因缘才灭尽受呢？观察这些时，得知触灭尽，受才会灭尽。又思考到：触由于什么因缘才灭尽呢？观察这些时，得知六入灭尽，触才会灭尽。又观这六入由于什么因缘才灭尽呢？当观察之时，得知名色灭尽，六入才会灭尽。又观察名色由于什么因缘才灭尽呢？识灭尽，名色才灭尽。又观察这识由于什么因缘才灭尽呢？行灭尽，识才灭尽。又观察这行由于什么因缘才灭尽呢？痴灭尽，行才灭尽；行灭，识就灭；识灭，名色就灭；名色灭，六入就灭；六入灭，触就灭；触灭，受就灭；受灭，爱就灭；爱灭，取就灭；取灭，有就灭；有灭，生就灭；生灭，老、病就灭；老、病灭，死就灭，这就是所说的五盛阴灭。

"当时我又产生这种念头：这识是最为原初的，使人招致这生、老、病、死；然而不能知晓这生、老、病、死的原本。犹如有人在山林之中，在小道路上行走。又稍往前走，看到旧有的大道，往昔古代诸人在这道中行走。这时，那人就又行走在这道上，又稍往前行进，看到旧有的城郭、园林、浴池，全都丰茂昌盛，但那城中没有居民。这人看见之后，返归至本国中，前往禀告大王说：'昨日我巡游于山林之间看到一座很好的城郭，树木繁茂，但那城中没有人民。大王！可以让人民到那座城中去居住吗？'这时，国王闻听这个人所说的话，就让人民前去居住；这样，这城市恢复到原来的样子，人民昌盛，快乐无比。

"诸比丘应当知道：我昔日未成为菩萨之时，在山中修道，看到昔日诸佛所游行的处所，便随从那诸佛之道，就得知了生、老、病、死所生起的原本，有生有灭，全都分别知晓，知晓生起苦、生起集、生起灭、生起道，全都了悟知晓，有、取、爱、受、触、六入、名色、识、行、痴也都是这样。无明生起，行就生起，行的造作又是由于识。我如今因对识明了，现在为四部众生演说这本原；都应知晓这原本所生起的，知晓苦、知晓集、知晓灭、知晓道，念想着让他们分别明了，因知晓六入，就知晓了生、老、病、死，六入灭，则生、老、病、死灭。因此，比丘！应当寻求方便法，灭尽六入。正是如此，诸比丘！应当如是修习！"

当时，诸比丘闻听佛所说的话后，都欢喜地奉承持行！

4 四念处经

原典

四念处经①

八三经

闻如是：

一时，佛在舍卫国祇树给孤独园。

尔时，世尊告诸比丘："有一入道②，净众生行，除去愁忧，无有诸恼，得大智慧，成泥洹证，所谓当灭五盖③，思维四意止。云何名为一入？所谓专一心，是谓一入。云何为道？所谓贤圣八品道④：一名正见，二名正治，三名正业，四名正命，五名正方便，六名正语，七名正念，八名正定，是谓名道，是谓一入道。

"云何当灭五盖？所谓贪欲盖⑤、嗔恚盖⑥、调戏盖⑦、眠睡盖⑧、疑盖⑨，是谓当灭五盖。

"云何思维四意止？于是，比丘内自观⑩身，除去恶念，无有愁忧；外自观身，除去恶念，无有愁忧；内外观身，除去恶念，无有愁忧。内观痛痛⑪而自娱乐，外观痛痛，内外观痛痛。内观心⑫而自娱乐，外观心，内外观心。内观法⑬，外观法，内外观法而自娱乐。

"云何比丘内观身而自娱乐？于是，比丘观此身随其性行，从头至足，从足至头，观此身中皆悉不净⑭，无有可贪。复观此身有毛、发、爪、齿、皮、肉、筋、骨、髓、脑、脂膏、肠、胃、心、肝、脾、肾之属，皆悉观知。屎、尿、生熟二藏⑮、目泪、唾、涕、血脉、肪、胆，皆当观知，无可贪者。如是，诸比丘！当观身自娱乐，除去恶念，无有愁忧。

"复次，比丘！还观此身有地种耶？水、火、风种耶？如是，比丘观此身。复次，比丘！观此身，分别诸界⑯。此身有四种，犹如巧能屠牛之士，若屠牛弟子，解牛节，解而自观见此是脚，此是心，此是节，此是头。如是，彼比丘分别此界，而自观察此身有地、水、火、风种。如是，比丘观身而自娱乐。

"复次，比丘！观此身有诸孔，漏⑰出不净。犹如彼人观竹园，若观苇丛。如是，比丘观此身有诸孔，漏出诸不净。

"复次，比丘！观死尸，或死一宿，或二宿，或三宿、四宿，或五宿、六宿、七宿，身体膖胀，臭处不净。复自观身与彼无异，吾身不免此患。若复比丘观死尸，乌鹊、鸱鸟所见啖食；或为虎狼、狗犬、虫兽之属所见啖食。复自观身与彼无异，吾身不离此患。是谓比丘观身而自娱乐。

注释

①**四念处经**：为《增一阿含经》之《一入道品》一部分，本经叙说依一入道，则可灭五盖，思维四意止，修八正道，远离愁忧，无忧喜想，便得智慧，证涅槃。四念处，又名四念住，即身念处、受念处、心念处、法念处。身念处是观身不净；受念处是观受是苦；心念处是观心无常；法念处是观法无我。此四念处的四种观法都是以智慧为体，以慧观的力量，把心安住在道法上，使之正而不邪。

②**一入道**：一入，专注一心；道，八正道。意为一行而至涅槃之道。

③**五盖**：即五种烦恼。盖就是烦恼的别名，因烦恼

能覆盖人们的心性，使不生善法。合贪欲、嗔恚、睡眠、掉悔、疑法，叫作五盖。

④**贤圣八品道**：又名八正道、八圣道，即八条圣者求趣涅槃的道法。一、正见，即正确的知见；二、正治，又作正思维，即正确的思考；三、正语，即正当的言语；四、正业，即正当的行为；五、正命，即正当的职业；六、正方便，又作正精进，即正确的努力；七、正念，即正确的观念；八、正定，即正确的禅定。此处八正道为正见、正思维、正业、正命、正精进、正语、正念、正定。修此八正道，可证得阿罗汉果。由于八正道是圣人所游行的处行，故又名八游行。

⑤**贪欲盖**：又作贪欲想，指有贪着五欲之念。

⑥**嗔恚盖**：又作嗔恚想，指对违情之事，心怀忿恨。

⑦**调戏盖**：又作掉举盖、调戏想，指内心躁动忧恼，无法定心。

⑧**眠睡盖**：又作睡眠想，指心昏身重，懒惰欲眠。

⑨**疑盖**：又作疑想，对法犹疑而无决断。

⑩**观**：即观察妄惑。

⑪**内观痛痛**：于诸受观察受之意。

⑫**观心**：观察心性如何谓之观心。心是万法之主，无一事能漏于心，所以观察心，就是观察一切，因而凡究事观理都是观心。

⑬**观法**：于心观念真理之法，与观心相同。

⑭**不净**：即污秽、鄙陋、丑恶、过罪之意。

⑮**生熟二藏**：藏即内脏。初受饮食为生，饮食变坏为熟。意即初受饮食的器藏为生藏，纳藏食物经消化后之渣滓的器藏为熟藏。故生熟二藏系泛指腹腔内的各种器官。

⑯**界**：梵语驮都，差别之义，即差别而不混滥。

⑰**漏**：烦恼的别名，含有漏泄和漏落二义。贪嗔等烦恼日夜由六根门头漏泄流注而不止，叫作漏；又烦恼能使人漏落于三恶道，亦叫作漏。所以，有烦恼之法就叫有漏法，无烦恼之法叫无漏法。

译文

八三经

我亲自听世尊这样说：

那时，佛在舍卫国祇树给孤独园。

当时，世尊对诸比丘说："有一人道法，可以清净众生的行业，除去忧虑烦愁，没有诸多苦恼，证得大智慧，成就涅槃之道，就是所说的当灭五盖，思维四意止。什么叫一人？就是所说的专注于一心，这就是一人。

什么叫道？就是所说的贤圣八正道：一名正见，二名正思维，三名正业，四名正命，五名正精进，六名正语，七名正念，八名正定，这就是道，这就是一入道。

"什么是当灭五盖？就是所说的贪欲盖、嗔恚盖、调戏盖、眠睡盖、疑盖，这就是当灭五盖。

"什么叫思维四意止？在这里，比丘从内观察自身，除去邪恶之念，无有忧烦愁苦；从外观察自身，除去邪恶之念，无有忧烦愁苦；从内外观察自身，除去邪恶之念，无有忧烦愁苦。从内于诸受观察受而自得愉悦快乐，从外于诸受观察受，从内外于诸受观察受。从内观察心而自得愉悦快乐，从外观察心，从内外观心。从内观察法，从外观察法，从内外观察法而自得愉悦快乐。

"为什么比丘从内观察自身而自得愉悦快乐？在这里，比丘观察这自身随顺其根性而行，从头到脚，从脚到头，观察这肉身全都不净，没有任何可贪着之处，再观察这肉身有毛、发、手、齿、皮、肉、筋、骨、髓、脑、脂膏、肠、胃、心、肝、脾、肾之类，都观察并知晓。屎、尿、所有内脏、眼泪、唾、涕、血脉、肪、胆，都观察并知晓，没有什么可贪着的。如此，诸比丘！要观察自身而自得愉悦快乐，除去邪恶之念，没有忧烦愁苦。

"其次，比丘！还要观察此身有地种吗？有水、火、风种吗？如此，比丘要观察此肉身。再次，比丘！观察此肉身，分别诸差异。这肉身有四种，犹如善巧的屠牛之士，若是屠夫弟子，肢解牛的骨节身体，肢解时自己观察看到这是脚，这是心，这是骨节，这是头。如此，那比丘分别这些差异，自己观察这肉身有地、水、火、风四种。如此，比丘观察肉身而自得愉悦快乐。

"再次，比丘！观察这肉身有诸孔，泄漏出不清净之物。犹如那人观赏竹园，如观看苇丛一般。如此，比丘观察这肉身有许多孔，泄漏出诸多不净。

"再次，比丘！观察尸体，或死过一夜，或死过二夜，或死过三夜，或死过四夜，或死过五夜、六夜、七夜，身体胀裂，恶臭不净。再观察自己这肉身与那尸体没有不同，我这肉身也不可避免这种苦患。如果比丘再观察尸体，被乌鹊、鸱鸟所食；或被虎狼、狗犬、虫兽之类所食。再观察自己这肉身与那尸体没有差异，我这肉身终不能脱离这种苦患。这就是比丘观身而自得愉悦快乐。

原典

"复次，比丘！观死尸，或啖半散落在地，臭处不净。复自观身与彼无异，吾身不离此法。复次，观死尸，肉已尽，唯有骨在，血所涂染。复以此身观彼身亦无有异。如是，比丘观此身。复次，比丘！观死尸筋缠束薪，复自观身与彼无异。如是，比丘观此身。

"复次，比丘！观死尸骨节分散，散在异处，或手骨、脚骨各在一处；或髀骨，或腰骨，或尻骨，或臂骨，或肩骨，或胁骨，或脊骨，或项骨，或髑髅。复以此身与彼无异，吾不免此法，吾身亦当坏败。如是，比丘观身而自娱乐。

"复次，比丘！观死尸白色、白珂色。复自观身与彼无异，吾不离此法。是谓比丘自观身。

"复次，比丘！若见死尸、骨青、瘀想，无可贪者，或与灰土同色不可分别。如是，比丘！自观身除去恶念，无有愁忧；此身无常①，为分散法。如是，比丘内自观身，外观身，内外观身，解无所有②。

"云何比丘内观痛痛？于是，比丘得乐痛③时，即自觉④知我得乐痛；得苦痛⑤时，即自觉知我得苦痛；得不苦不乐痛⑥时，即自觉知我得不苦不乐痛。若得食⑦乐痛时，便自觉知我得食乐痛；若得食苦痛时，便自觉知我得食苦痛；若得食不苦不乐痛时，亦自觉知我得食不苦不乐痛。若得不食乐痛时，便自觉知我得不食乐痛；若得不食苦痛时，亦自觉知我不食苦痛；若得不食不苦不乐痛时，亦自觉知我得不食不苦不乐痛。如是，比丘内自观痛。

"复次，若复比丘得乐痛时，尔时不得苦痛，尔时自觉知我受乐痛。若得苦痛时，尔时不得乐痛，自觉知我受苦痛。若得不苦不乐痛时，尔时无苦无乐，自觉知我受不苦不乐痛。彼习⑧法而自娱乐，亦观尽法，复观习尽之法。或复有痛而现在前可知可见，思维原本，无所依倚而自娱乐，不起世间⑨想；于其中亦不惊怖，以不惊怖，便得泥洹：生死⑩已尽，梵行已立，所作已办⑪，更不复受有，如真实⑫知。如是，比丘内自观痛，除去乱念，无有愁忧；外自观痛，内外观痛，除去乱念，无有愁忧。如是，比丘内外观痛。

注释

①**无常**：无有常住之意。有二种，即念念无常与相续无常。念念无常是说一切有为法都是念念生灭而不停住，又作刹那无常；相续无常是说相续之法在经过了一段时间之后，最终还是要归于坏灭。

②**无所有**：又作无所得，空的别名。即没有什么法可以得到之意，这是无相的道理。

③**乐痛**：即乐受，三受之一。为领受顺情身心适悦时的快乐感受。

④**自觉**：三觉之一。自觉是使自己觉悟，但要断尽三界内的见思惑和三界外的尘沙无明惑，才能算是达到自觉的地位。

⑤**苦痛**：即苦受，三受之一。为领受逼迫苦心违情时的烦恼感受。

⑥**不苦不乐痛**：即不苦不乐受，三受之一，又作舍受。为对于不违不顺而领纳不苦不乐时的心意。

⑦**食**：增益身心谓之食，梵语作阿贺罗。

⑧**习**：烦恼的余气叫作习气，又作习。

⑨**世间**：时间与空间。说明过去、现在、未来等三世的时间叫作世；指出东、西、南、北、上、下等十方的空间叫作间。所谓世间，亦就是宇宙之意。佛教里，不光指森罗万象的大地为世间，宇宙和人生，统名之为世间。众生所依的宇宙国土，叫作器世间，众生由惑造业所感的有生死存亡的色身叫作有情世间。

⑩**生死**：谓一切众生因惑业所招，生了又死，死了又生。有分段生死与变易生死之分别。分段生死是凡夫们于三界内肉体上的生死；变易生死是菩萨们于三界外精神上心念生灭的生死。

⑪**所作已办四句**，亦即罗汉四智。乃二乘、无学圣人内证四谛之智。（一）我生已尽，指断尽未来苦果，为断除集之智。（二）梵行已立，指修行已成无漏之圣道，

为修道之智。（三）所作已办，指断障证灭已圆满，为证灭之智。（四）不受后有，指无学圣人已断尽生死惑业，不受后世苦果，为断苦之智。

⑫**真实**：法离迷情、绝虚妄，谓之真实。

译文

"再次，比丘！观察死尸，或被吃剩一半散落在地，恶臭而污秽不净。再观察自己肉身与那尸体没有差异，我这肉身不能避免这样。再次，观察死尸，肉已经烂尽，只剩骨头，为血浆所涂染。再以这肉身去观察那尸身，也没有差异。如此，比丘观察这肉身。再次，比丘！观察死尸枯筋已缠绑柴薪，再观察自己肉身与那尸身没有差异。如此，比丘观察这肉身。

"再次，比丘！观察死尸骨节分布散落，散落在各自不同之处，或是手骨、脚骨各分一处；或是髆骨，或是腰骨，或是尻骨，或是臂骨，或是肩骨，或是胁骨，或是脊骨，或是项骨，或是髑髅。再以这肉身与那尸身相比没有差异，我们不免如此，我们的肉身也将破坏败损。如此，比丘观察肉身而自得愉悦快乐。

"再次，比丘！观察死尸的白色、白珂色。再观察自己肉身与那尸身没有差异，我的肉身不能脱离这样。

这就是比丘自观身。

"再次，比丘！如果心生死尸、青白枯骨、血浆瘀滞的念想，便会无所贪着，或许尸身与粉灰尘土同色而无法分别。如此，比丘！自观肉身除去邪恶之念，而没有忧烦愁苦；这肉身是无常，是分散离析之物。如此，比丘从内观察肉身，从外观察肉身，从内外观察肉身，了悟这肉身毕竟是空。

"什么是比丘于诸受观察受？于是，比丘得到乐受时，随即自觉知道我得到了乐受；得到苦受时，随即自觉知晓我得到了苦受；得到不苦不乐受时，随即就自觉知晓我得到了不苦不乐受。如果得到食乐受时，随即就自觉知晓我得到了食乐受；如果得到食苦受时，随即就自觉知晓我得到了食苦受；如果得到食不苦不乐受时，随即就自觉知晓我得到了食不苦不乐受。如果得到不食乐受时，随即就自觉知晓我得到了不食乐受；如果得到不食苦受时，随即就自觉知晓我得到了不食苦受；如果得到不食不苦不乐受时，随即就自觉知晓我得到了不食不苦不乐受。如此，就是比丘内自观受。

"再次，如果比丘又得到乐受时，当时没得到苦受，当时便自觉知晓我受到乐受。如果得到苦受时，当时没得到乐受，便自觉知晓我受到苦受。如果得到不苦不乐受时，当时没有苦没有乐，便自觉知晓我受不苦不乐受。修习法而自得愉悦快乐，也观察灭尽之法，还观察习灭尽之法。或是又有受显现于前，可以知晓可以看见，思考其根源，无所欲求而自得愉悦快乐，心中不生世间的念想；于其中也不惊怖，因为不惊怖，便得证涅槃：生死已断尽，清净梵行已具足，断诸烦恼证悟寂灭已完成，便不再受后世苦果，犹如真实不虚的觉知。如此，比丘内自观受，除去散乱邪念，没有忧烦愁苦；比丘外自观受，从内外观察受，除去散乱邪念，没有忧烦愁苦。如此，比丘内外观受。

原典

"云何比丘观心心法①而自娱乐？于是，比丘有爱欲心，便自觉知有爱欲心；无爱欲心，亦自觉知无爱欲心。有嗔恚心，便自觉知有嗔恚心；无嗔恚心，亦自觉知无嗔恚心。有愚痴心，便自觉知有愚痴心；无愚痴心，便自觉知无愚痴心。有爱念心，便自觉知有爱念心；无爱念心，便自觉知无爱念心。有受入心，便自觉知有受入心；无受入心，便自觉知无受入心。有乱念心，便自觉知有乱心；无乱心，便自觉知无乱心。有散落心，亦自觉知有散落心；无散落心，便自觉知无散落心。有普遍心，便自觉知有普遍心；无普遍心，便自觉知无普遍心。有大心，便自觉知有大心；无大心，便自觉知无大心。有无量心，便自觉知有无量心；无无量心，便自觉知无无量心。有三昧心，便自觉知有三昧心；无三昧心，便自觉知无三昧心。未解脱心，便自觉知未解脱心；已解脱心，便自觉知已解脱心。如是，比丘心心相观意止②。

"观习法，观尽法，并观习尽之法，思维法观而自娱乐。可知、可见、可思维、不可思维，无所猗，不起世间想。已不起想，便无畏怖；已无畏怖，便无余③；已无余，便涅槃：生死已尽，梵行已立，所作已办，更不复受有，如实知之。如是，比丘内自观心心意止，除去乱念，无有忧愁；外观心，内外观心心意止。如是，比丘心心相观意止。

"云何比丘法法相观④意止？于是，比丘修念觉意⑤，依⑥观、依无欲⑦、依灭尽，舍诸恶法。修法觉意⑧、修精进觉意⑨、修念觉意⑩、修猗觉意⑪、修三昧觉意⑫、修护觉意⑬，依观、依无欲、依灭尽，舍诸恶法。如是，比丘法法相观意止。

"复次，比丘！于爱欲⑭解脱，除恶不善法，有觉、有观，有猗念，乐于初禅⑮而自娱乐。如是，比丘法法相观意止。

"复次，比丘！舍有觉、有观，内发欢喜，专其一意，成无觉、无观，念猗喜安，游二禅⑯而自娱乐。如是，比丘法法相观意止。

"复次，比丘！舍于念，修于护，恒自觉知身觉乐，诸贤圣所求，护念⑰清净，行于三禅⑱。如是，比丘法法相观意止。

"复次，比丘！舍苦乐心，无复忧喜，无苦无乐，护念清净，乐于四禅⑲。如是，比丘法法相观意止。彼行习法，行尽法，并行习尽之法而自娱乐，便得法意止而现在前。可知可见，除去乱想，无所依猗，不起世间想；已不起想，便无畏怖；已无畏怖，生死便尽：梵行已立，所作已办，更不复受有，如实知之。诸比丘！依一入道众生得清净，远离愁忧，无忧喜想，便逮智慧，得涅槃证。所谓灭五盖，修四意止也。"

尔时，诸比丘闻佛所说，欢喜奉行！

注释

①观心心法：即于心随观心之意。心心，心王与心所，心是万法之王，故称心王，万法都从心中生出来；心所即心所有法的简称，也就是为心所有的各种思想现象。

②心心相观意止：即于心观察心而住。

③无余：即无有残余。

④**法法相观**：即于法观察法之意。

⑤**念觉意**：七觉支之一，观念正法，而念于定慧均等。

⑥**依**：梵语腻地，依凭之意，为物所依止。

⑦**无欲**：无贪欲，无多欲。

⑧**法觉意**：又作择法觉意，以智慧简择诸法的真伪。

⑨**精进觉意**：以勇猛心，力行正法而不懈。

⑩**念觉意**：此处应为喜觉意。喜觉意即心得善法，即生欢喜。

⑪**猗觉意**：又作轻安觉意，即除去粗重烦恼，身心皆得轻安快乐。

⑫**三昧觉意**：又作定觉意，心唯一境，而不散乱。

⑬**护觉意**：又作舍觉意，舍离所见念着之境，善能觉了虚伪不实，永不追忆。

⑭**爱欲**：贪着亲爱五欲。

⑮**初禅**：又作初禅天，四禅之一，即色界初禅天的禅定。清净心中，诸漏不动，名为初禅，即梵众、梵辅、大梵等三天，此三天已不须段食，故无鼻舌二识，唯有乐受，与眼耳身三受相应，喜受与意识相应。

⑯**二禅**：四禅之一，即色界二禅天的禅定。清净心中，粗漏已伏，其境界是定心细微，无寻伺的心所，于三受中只有喜乐的二受。修成二禅的人所住的天界在色

界第二重，共有三天，即少光天、无量光天与光音天。在这二禅天的天人，因无寻伺的粗动，所以能避开劫末的大火灾，但因为心中还有喜乐的念头，所以不能避开劫末的大水灾。

⑰**护念**：保护和忆念。

⑱**三禅**：四禅之一，即色界三禅天的禅定。安稳心中，欢喜毕具，名为三禅，即少净、无量净、遍净等三天，此三天识受皆与二禅略同，但意识怡悦之相，较为净妙。因此天的天人禅定深妙，人人身心快乐，又因为此天的快乐乃是三界九地所最突出者，故此天又名为离喜妙乐地。

⑲**四禅**：四禅之一，即色界四禅天的禅定。前五识俱无，亦无喜受，仅有舍受，与意识相应，名为四禅，即无云、福生、广果、无想、无烦、无热、善见、善现、色究竟等九天。

译文

"什么叫观心心法而自得愉悦快乐？在这里，比丘有爱欲之心，便自觉知晓有了爱欲之心；没有爱欲之心，也自觉知晓没有爱欲之心。有嗔恚之心，便自觉知晓有了嗔恚之心；没有嗔恚之心，也自觉知晓没有嗔恚之心。有愚痴之心，便自觉知晓有了愚痴之心；没有愚痴之心，便自觉知晓没有愚痴之心。有爱念之心，便自觉知晓有了爱念之心；没有爱念之心，便自觉知晓没有爱念之心。有受入之心，便自觉知晓有了受入之心；没有受入之心，便自觉知晓没有受入之心。有乱念之心，便自觉知晓有了乱念之心；没有乱念之心，便自觉知晓没有乱念之心。有散落之心，也自觉知晓有了散落之心；没有散落之心，便自觉知晓没有散落之心。有普遍之心，便自觉知晓有了普遍之心；没有普遍之心，便自觉知晓没有普遍之心。有大心，便自觉知晓有了大心；没有大心，便自觉知晓没有大心。有无量心，便自觉知晓有无量心；没有无量心，便自觉知晓没有无量心。有三昧心，便自觉知晓有了三昧心；没有三昧心，便自觉知晓没有三昧心。心没有解脱，便自觉知晓心没有解脱；心已获解脱，便自觉知晓心已获解脱。这就是比丘心心相观意止。

"观察习法，观察灭尽法，并观察习灭尽之法，思维法观而自得愉悦快乐。可以知晓、可以亲见、可以思维、不可思维，无所依托，心中不生起世间的念想。因为心不生念想，便无有怖畏；因为没有怖畏，便无余；因为无余，便得证涅槃；生死烦恼已经灭尽，清净梵行已经具足，断诸烦恼证悟寂灭已经完成，再不会受后世苦果，如实地知晓这些。如此，比丘从内观察自心的心意止住，除去散乱邪念，没有忧烦愁苦；从外观心，从内外观心心意止。这就是比丘心心相观意止。

"什么叫作比丘法法相观意止？在这里，比丘修念觉意，依止观、依止无欲、依止灭尽，舍弃诸多恶法。修法觉意、修精进觉意、修喜觉意、修猗觉意、修三昧觉意、修护觉意，依止观、依止无欲、依止灭尽，舍弃诸多恶法。这就是比丘法法相观意止。

"其次，比丘！从贪着爱欲中解脱，除去邪恶等不善之法，有觉、有观，有轻安之念，游乐于初禅天而自得愉悦快乐。这就是比丘法法相观意止。

"再次，比丘！舍弃有觉、有观，内心生发欢喜，专注一心，成就无觉、无观，念、轻安、喜、乐，游乐于二禅天而自得愉悦快乐。这就是比丘法法相观意止。

"再次，比丘！舍弃忆念，修行护持，恒久觉知自身觉乐，诸贤圣所寻求的，就是护念清净，游行于三禅天。这就是比丘法法相观意止。

"再次，比丘！舍弃苦乐之心，不再有忧虑欢喜，没有苦没有乐，护念清净，游乐于四禅天。这就是比丘法法相观意止。他行习法，行灭尽法，并行习灭尽之法而自得愉悦快乐，便得法意止而显现于前。可以觉知、可以察见，除去散乱念想，无所依止，不起世间的念想；因为不起世间念想，就没有怖畏；因为没有怖畏，生死烦恼便尽除：清净梵行已经具足，断诸烦恼证悟寂灭，不再受后世苦果，这些都如实知晓。诸比丘！依这一入道众生便得到清净，远离忧烦愁苦，没有忧愁欢喜的念想，这就获得智慧，证得涅槃。这就是所说的灭五盖，修四意止。"

当时，诸比丘闻听佛所说的话，都欢喜地奉行！

5 四谛经

二一五经

闻如是：

一时，佛在舍卫国祇树给孤独园。

尔时，世尊告诸比丘："当修行四谛之法^①。云何为四？所谓初苦谛，义不可尽，义不可穷，说法无尽。第二者苦集谛，义不可尽，义不可穷，说法无尽。第三者苦尽谛，义不可尽，义不可穷，说法无尽。第四者苦出要谛^②，义不可尽，义不可穷，说法无尽。

"彼云何名为苦谛？所谓苦谛者，生苦^③、老苦^④、病苦^⑤、死苦^⑥、忧悲恼苦、怨憎会苦^⑦、恩爱别离苦^⑧、

所欲不得苦⑨，取要言之，五盛阴苦⑩，是谓名为苦谛。

"彼云何名为苦集谛？所谓集谛者，爱与欲相应，心恒染着，是谓名为苦集谛。

"彼云何名为苦尽谛？所谓尽谛者，欲爱永尽无余，不复更造，是谓名为苦尽谛。

"彼云何名为苦出要谛？所谓苦出要谛者，谓贤圣八品道，所谓正见、正治、正语、正行、正命、正方便、正念、正三昧，是谓名为苦出要谛。

"如是，比丘！有此四谛，实有不虚。世尊之所说，故名为谛。诸有众生二足、三足、四足、多足，欲⑪者、色⑫者、无色⑬者，有想⑭、无想⑮者，如来最上。然成此四谛，故名为四谛。是谓，比丘！有此四谛。然不觉知，长处生死，轮转五道⑯。我今已得此四谛，从此岸至彼岸⑰，成就此义，断生死根本，更不复受有⑱，如实知⑲之。"

尔时，世尊便说此偈：

今有四谛法，如实而不知；
轮转生死中，终不有解脱。
如今有四谛，已觉已晓了；
已断生死根，更亦不受有。

"若有四部之众，不得此谛，不觉不知，便堕五道。是故，诸比丘！当作方便，成此四谛。如是，诸比丘！当作是学！"

尔时，诸比丘闻佛所说，欢喜奉行！

注释

①**四谛之法**：又名四圣谛、四真谛，即苦、集、灭、道四种真理，为佛教的基本哲理。苦圣谛，为使人觉悟现实的生命是苦的真理，人生有三苦、八苦、无量诸苦，苦是现实宇宙的真相。苦集圣谛，为使人了解苦的生起原因的真理，人生的痛苦是由于凡夫自身的愚痴无明，和贪嗔痴等烦恼的掀动，而去造作种种的不善业，结果才会招集种种的痛苦。苦灭圣谛，为使人从苦中获得解脱的真理，说明涅槃境界才是多苦的人生最理想最究竟的归宿，因为涅槃是常住、安乐、寂静的境界。道圣谛，为导致苦的止息而达到涅槃的真理，说明人要修道才能证得涅槃，道有多种，主要是指修八正道。集是因，苦是果，这是迷界的因果；道是因，灭是果，这是悟界的因果。此四圣谛括尽世出世间的两重因果，叙说若不觉知苦、苦集、苦尽、道四谛，则堕五道中，轮转生死；若得此四谛，能断生死根本；故当作方便，成此四谛。此处择选《四谛品》的二一五经及《等

趣四谛品》的二三五经。

②**苦出要谛**：即道圣谛。出要，即出离生死的要道。

③**生苦**：八苦之一。在胎如处监牢，出胎如钻穴隙，是为生苦。

④**老苦**：八苦之一。眼昏耳聋，气虚体弱，是为老苦。

⑤**病苦**：八苦之一。四大不调，面黄肌瘦，是为病苦。

⑥**死苦**：八苦之一。疾痛丧失，水火殒命，是为死苦。

⑦**怨憎会苦**：八苦之一。恶眷败家，仇人见面，是为怨憎会苦。

⑧**恩爱别离苦**：八苦之一。骨肉分离，魂牵梦萦，是为恩爱别离苦。

⑨**所欲不得苦**：又作求不得苦，八苦之一。名利爱乐，图谋不成，是为所欲不得苦。

⑩**五盛阴苦**：又作五阴炽盛苦，八苦之一。五阴的作用炽盛，盖覆真性，故死之后，复须再生，是为五盛阴苦。

⑪**欲**：此处指欲界。欲界是有淫食二欲的众生所住的世界，上自六欲天，中自人畜所居的四大洲，下至无间地狱，皆属于这世界。

⑫色：此处指色界。色界是无淫食二欲但还有色相的众生所住的世界，四禅十八天皆属于这世界。

⑬无色：即无色界。无色界是色相俱无但住心识于深妙禅定的众生所住的世界，四空天属于这世界。

⑭有想：即有想天的有情，指有他思想的有情而言。有想天，天处中，除无想天与非想非非想天之外的就是有想天。

⑮无想：即无想天的有情。无想天在色界，生于此的众生，五百大劫间住于无心。

⑯五道：又名五趣，即地狱、饿鬼、畜生、人、天等五种境界。

⑰至彼岸：又作到彼岸，梵语波罗蜜的义译，谓越过生死大海而到达涅槃的彼岸。

⑱受有：意即有生死之烦恼。受，即人类感官与外界接触时所产生的感受。有，即有生死烦恼之意。

⑲如实知：如实是真如实相之义，如实知是指所知极合于真如实相。

译文

二一五经

我亲自听佛这样说：

那时，佛在舍卫国祇树给孤独园。

当时，世尊告诫诸比丘说："应修行四谛之法。哪四谛呢？就是所说的，首先苦谛，其教义不可尽，其教义不可穷，说法没有穷尽。第二苦集谛，其教义不可尽，其教义不可穷，说法没有穷尽。第三苦尽谛，其教义不可尽，其教义不可穷，说法没有穷尽。第四苦出要谛，其教义不可尽，其教义不可穷，说法没有穷尽。

"那什么叫作苦谛呢？所谓的苦谛，就是生苦、老苦、病苦、死苦、忧悲恼苦、怨憎会苦、恩爱别离苦、所欲不得苦，简而言之，就是五阴炽盛苦，这就叫作苦谛。

"那什么叫作苦集谛呢？所谓的苦集谛，就是爱欲与贪着相应，心中恒久地熏染执着，这就叫作苦集谛。

"那什么叫作苦尽谛呢？所谓的苦尽谛，就是爱欲贪着永远灭尽而毫无残余，不再会另有造作，这就叫作苦尽谛。

"那什么叫作苦出要谛呢？所谓的苦出要谛，就是贤圣八品道，就是所说的正见、正思维、正语、正行、正命、正精进、正念、正定，这就叫作苦出要谛。

"如是，比丘！这四谛，是真实存有而不虚妄的。因为是世尊所说的，所以叫作谛。诸有众生，或是二足众生，或是三足众生，或是四足众生，或是多足众生；

或是欲界众生，或是色界众生，或是无色界众生；或是有想众生，或是无想众生，而如来是最为上尊的。所以成就这四谛，故叫作四谛。这就是说，比丘！有这四谛。然而不觉知这四谛之法，就要长久地处于生死之中，在五恶道中轮回。我现在已经获得这四谛之法，从生死此岸到达涅槃彼岸，成就了这四谛的法义，了断了生死的根本，不会再有生死之烦恼，所有这一切极合于真如实相。"

当时，世尊便说出这样一首偈颂：

> 现在有这四谛之法，
> 是真如实相而不被觉知；
> 众生便在生死烦恼中轮回，
> 最终不能获得解脱。
> 如今有这四谛圣法，
> 已被众生觉知明晓；
> 众生已了断了生死的根本，
> 再也没有了生死的烦恼。

"如果有比丘、比丘尼、优婆塞、优婆夷等四众，没有获得这四谛，不能觉悟不能知晓，就要堕入那五恶道之中。因此，诸比丘！要随方便，成就这四谛之法。如此，诸比丘！要修学这法义！"

当时，诸比丘闻听佛所说的话，都欢喜地奉承持行！

原典

二三五经

闻如是：

一时，佛在舍卫国祇树给孤独园。

尔时，世尊告诸比丘："是谓，比丘！我等常所说法，所谓四谛，以无数方便而观察此法，分别其义，广与人演。云何为四？所谓苦谛之法，以无数方便而观察此法，分别其义，广与人演；以无数方便说集、尽、道谛，而观察此法，分别其义，广与人演。

"汝等比丘！当亲近舍利弗①比丘，承事供养。所以然者，彼舍利弗比丘以无数方便，说此四谛，广与人演。当舍利弗比丘与诸众生及四部众，分别其义，广与人演，时不可计众生诸尘垢尽，得法眼②净。

"汝等比丘！当亲近舍利弗、目犍连③比丘，承事供养。所以然者，舍利弗比丘众生之父母，以生已长养令大者目犍连比丘。所以然者，舍利弗比丘与人说法要④，成四谛；目犍连比丘与人说法要，成第一义⑤，成无漏⑥

行。汝等当亲近舍利弗、目犍连比丘。"世尊作是语已，还入静室⑦。

世尊去未久，尔时舍利弗告诸比丘："其有能得四谛法者，彼人快得善利⑧。云何为四？所谓苦谛，以无数方便广演其义。云何为苦谛？所谓生苦、老苦、病苦、死苦、忧悲恼苦、怨憎会苦、恩爱别苦、所求不得苦，取要言之，五盛阴苦，是谓苦谛。

"云何苦集谛？所谓爱结⑨是也。

"云何为尽谛？所谓尽谛者，爱欲结永尽无余，是谓尽谛。

"云何为道谛？所谓贤圣八品道是：正见、正治、正语、正方便、正命、正业、正念、正定，是谓道谛也。彼众生快得善利，乃能闻此四谛之法。"

尔时，尊者舍利弗当说此法，无量不可计众生闻此法时，诸尘垢尽，得法眼净。

"我等亦快得善利，世尊与我说法，安处福地⑩。"

"是故，四部之众！求于方便，行此四谛。如是，诸比丘！当作是学！"

尔时，诸比丘闻佛所说，欢喜奉行！

注释

①**舍利弗**：Śāriputra，又作舍利弗多罗、舍利子等。舍利，译言为鹙鹭，其母之名；弗为弗多罗的略语，译言为子。鹙鹭为百舌鸟，因其母之眼似鹙鹭鸟，或因其母辩才犹如鹙鹭，故其母名鹙鹭。舍利女之子故名为舍利弗。其父名为优婆提舍，从其父而称之，又名为优婆提舍。舍利，亦译言为身，又译为珠，因其母身形妙好，故名身；又因其母的聪明表现在眼睛，故名为珠。舍利弗，本为外道，适逢导师死，另往求道，于途中见马胜比丘，听马胜说"因缘所生法"之偈后，于是出家。后成为佛十大弟子之一，以智慧第一著称。

②**法眼**：五眼之一，为菩萨之眼，能够清楚地见到一切法妙有的道理。

③**目犍连**：Maudgalyāyana，又作摩诃目犍连（Maha-maudgalyāyana），简称目连，译言为大赞诵、大莱茯根、大胡豆、大采菽等。佛十大弟子之一，以神通第一著称。原与舍利弗同为六师外道，颇精通教学，修行精进以求得解脱，后得舍利弗相告，率一百徒众进入佛门。相传古时有仙居山中，常采菽豆而食，因名大采菽氏，目犍连之母属仙人之族，取其母姓氏为其名，故称大采菽。

④**法要**：佛法的要义，亦即简约而枢要的法义。

⑤**第一义：**至高无上的真理。

⑥**无漏：**为清净无烦恼之意。

⑦**静室：**为禅定的譬喻。

⑧**善利：**意为利益的善妙，即菩提之利益。

⑨**爱结：**九结之一。结是烦恼的别名，因烦恼能使众生结缚于生死。爱结就是贪爱的烦恼。

⑩**福地：**生有福德的地域。

译文

二三五经

我亲自听佛这样说：

那时，佛在舍卫国的祇树给孤独园。

当时，世尊告诫诸比丘说："这就是说，比丘！我们时常所演说的法义，就是所谓的四谛法，用无数的随方便之法来观察这四谛法，分别其法义，广泛为众生宣说。是哪四谛呢？就是所谓的苦谛之法，用无数的权巧方便观察这苦谛法，分别其法义，广泛为众生演说；用无数的权巧方便演说集谛、灭谛、道谛，并观察这些法，分别其法义，广泛为众生演说。

"你们这些比丘！应当亲近舍利弗比丘，奉承侍事供养他。所以这样，是因为那舍利弗比丘用无数的权巧方便，宣说四谛之法，并分别其法义，广泛地为众生演说。当舍利弗比丘为诸多众生及四部之众，分别其法义，广泛为众生演说四谛法的时候，不可胜数的众生的诸多尘垢烦恼全都除去，获得法眼清净。

"你们这些比丘！应当亲近舍利弗、目犍连比丘，奉承侍事供养他们。所以这样，是因为舍利弗比丘为众生之父母，而出生之后的长养是靠大目犍连比丘。所以这样，是因为舍利弗比丘为众生演说佛法要义，成就四谛之法；目犍连比丘为众生演说佛法要义，成就至高无上的法义，成就无漏行。你们应当亲近舍利弗、目犍连比丘。"世尊说完这些话，还入静室禅定。

世尊离去不久，当时舍利弗告诫诸比丘说："如果有人能够获得四谛法，那人就很快能得到菩提的利益。是哪四谛呢？就是所谓的苦谛，用无数权巧方便广泛演说其法义。什么是苦谛呢？就是所谓的生苦、老苦、病苦、死苦、忧悲恼苦、怨憎会苦、恩爱别苦、所求不得苦。简而言之，是五阴炽盛苦，这就是苦谛。

"什么是苦集谛呢？就是所谓的爱结。

"什么是尽谛呢？所谓的尽谛，就是爱欲贪着的烦恼永远除尽而没有残余，这就是尽谛。

"什么是道谛呢？就是所谓的贤圣八品道，即正见、正思维、正语、正精进、正命、正业、正念、正定，这就是道谛。那众生很快得到菩提的利益，才能闻听这四谛之法。"

当时，舍利弗尊者演说这四谛法，不可胜数的无量众生闻听这法的时候，诸多尘垢烦恼全都尽除，获得法眼清净。

"我们也很快得到菩提的利益，世尊为我们说法，安处于福德之地。"

"因此，四部众生！寻求方便权巧之法，行这四谛。如此，诸比丘！应当修习这四谛之法！"

当时，诸比丘闻听佛所说的话，全都欢喜地奉持修行！

6 三十七道品

四正勤^①

二二五经

闻如是：

一时，佛在舍卫国祇树给孤独园。

尔时，世尊告诸比丘："犹如山河、石壁、百草、五谷，皆依于地而得长大，然复此地最尊、最上。此亦如是，诸善三十七道品之法，住不放逸之地^②，使诸善法而得长大。

"无放逸比丘修四意断，多修四意断。云何为四？

于是，比丘未生弊恶法，求方便令不生，心不远离，恒欲令灭；已生弊恶法，求方便令不生，心不远离③，恒欲令灭；未生善法，求方便令生；已生善法，求方便令增多，不忘失，具足修行，心意不忘。如是，比丘修四意断。是故，诸比丘！当求方便，修四意断。如是，诸比丘！当作是学！"

尔时，诸比丘闻佛所说，欢喜奉行！

二二六经

闻如是：

一时，佛在舍卫国祇树给孤独园。

尔时，世尊告诸比丘："比丘当知：诸有粟散国王④及诸大王皆来附近于转轮王⑤，转轮王于彼最尊、最上。此亦如是，诸善三十七道品之法，无放逸之法最为第一。

"无放逸比丘修四意断。于是，比丘未生弊恶法，求方便令不生，心不远离，恒欲令灭；已生弊恶法，求方便令不生，心不远离，恒欲令灭；未生善法，求方便令生；已生善法，重令增多，终不忘失，具足修行，心意不忘。如是，诸比丘修四意断。如是，诸比丘！当作是学！"

尔时，诸比丘闻佛所说，欢喜奉行！

二二七经

闻如是：

一时，佛在舍卫国祇树给孤独园。

尔时，世尊告诸比丘："诸有星宿之光，月光最为第一。此亦如是，诸善功德⑥三十七道品之法，无放逸行最为第一，最尊、最贵。

"无放逸比丘修四意断。云何为四？于是，比丘若未生弊恶法，求方便令不生；若已生弊恶法，求方便令灭；若未生善法，求方便令生；若已生善法，求方便重令增多，终不忘失，具足修行，心意不忘。如是，比丘修四意断。是故，诸比丘！当求方便，修四意断。如是，诸比丘！当作是学！"

尔时，诸比丘闻佛所说，欢喜奉行！

二二八经

闻如是：

一时，佛在舍卫国祇树给孤独园。

尔时，世尊告诸比丘："诸有华之属，蕙瞻卜⑦之华、须摩那华⑧，天上、人中，婆师华⑨最为第一。此亦如是，诸善功德三十七道品之法，无放逸行最为第一。

"若无放逸比丘修四意断。云何为四？于是，比丘若未生弊恶法，求方便令不生；已生弊恶法，求方便令灭；若未生善法，求方便令生；已生善法，求方便令增多，终不忘失，具足修行，心意不忘。如是，比丘修四意断。是故，诸比丘！当求方便，修四意断。是故，诸比丘！当作是学！"

尔时，诸比丘闻佛所说，欢喜奉行！

注释

①**四正勤**：这里择选《增一阿含经》卷十八之《四意断品》的二二五、二二六、二二七、二二八经，内容是叙说当无放逸，修四意断。

②**住不放逸之地**：住，使法住于实法；不放逸，为一心专注而修诸善法。

③**远离**：谓无为法之性，性空而脱离一切事相的系缚。

④**粟散国王**：意指极小之国的国王。

⑤**转轮王**：又作转轮圣王（Cakkavatti-rājan），简称轮王，又称飞行皇帝，为古印度民族的理想统治者，为世间第一有福者，身具三十二相，有七宝千子，持轮宝降伏四天下，以十善治国。有四种福报，一是大富、

珍宝、财物、田宅等众多，为天下第一；二是形貌庄严端正，具三十二相；三是身体健康无病，安隐快乐；四是寿命长远，为天下第一。这是由过去生中多修福业，可惜不修出世慧业，所以仅成统治世界有福报的大王，却不能修行悟道证果。轮王有四种，在人寿增至二万岁时，铁轮王出现，统辖南赡部洲；增至四万岁时，铜轮王出现，统辖南赡部及东胜身二洲；增至六万岁时，银轮王出现，统辖南赡部、东胜身和西牛货三洲；增至八万四千岁时，金轮王出现，统辖四天下。通常所说的转轮王是指金轮王。

⑥**功德**：功是善行，德是善心。又世人拜佛诵经、布施供养等，都叫功德。

⑦**蔷卜**：又作占婆花，译为素馨花、金色花，为黄花树，树形高大，花亦甚香。

⑧**须摩那华**：又作苏摩那华，译为悦意花，其色黄、甚香，高三四尺，四垂似盖，其形色俱媚，令见者心悦。

⑨**婆师华**：又作婆师迦华、婆利师迦，译为夏生花、雨时花，为木犀科的植物，夏时开花，其花白色、甚香。

译文

四正勤

二二五经

我亲自听佛这样说：

那时，佛在舍卫国的祇树给孤独园。

当时，世尊告诫诸比丘说："犹如山河、石壁、百草、五谷，都依赖于大地而得以成长壮大，这大地又是最至尊最无上的。这也就是说，诸善妙的三十七道品法，住于一心专注修诸善法的地域，使诸善法得以滋长增多。

"没有放逸的比丘修四意断，不间断地修行四意断。是哪四意断呢？是这样，比丘未生起弊陋邪恶之法，就要寻求方便之法使其不得生起，心没有脱离恶法的系缚，需恒久地精进令其断灭；若是已经生起弊陋邪恶之法，就要寻求方便之法使其不得生起，心没有脱离恶法的系缚，需恒久地精进令其断灭；未生起善妙之法，就要寻求方便之法使其生起；若是已经生起善妙之法，就要寻求方便之法使其滋长增多，不要遗忘漏失，使修行圆满具足，内心意念没有忘失。比丘应如此地修行四意断。因此，诸比丘！应当寻求方便之法，修行四意断。

如此，诸比丘！应当如是修习！"

当时，诸比丘闻听佛所说的话，都欢喜地奉承持行！

二二六经

我亲自听佛这样说：

那时，佛在舍卫国的祇树给孤独园。

当时，世尊告诫诸比丘说："比丘应当知晓：诸多极小国家的国王及诸大王都前来亲附接近于转轮圣王，因为转轮圣王在他们之中是最尊贵、最无上的。这也就是说，在诸善妙的三十七道品法之中，无放逸行法是最善妙第一的。

"没有放逸的比丘修行四意断。什么是四意断？比丘未生起弊陋邪恶之法，就要寻求方便之法使其不再生起，心没有脱离恶法的系缚，恒久地精进令其断灭；若是已经生起弊陋邪恶之法，就要寻求方便之法使其不得生起，心没有脱离恶法的系缚，恒久地精进令其断灭；若是未生起善妙之法，就要寻求方便之法使其生起；若是已经生起善妙之法，就要让其更加滋长增多，始终不使忘失，修行圆满具足，内心意念不忘失。这样，诸比丘如此地修行四意断。如此，诸比丘！应当如是修习！"

当时，诸比丘闻听佛所说的话，都欢喜地奉承持行！

二二七经

我亲自听佛这样说：

那时，佛在舍卫国的祇树给孤独园。

当时，世尊告诫诸比丘说："诸多的星宿之光中，月光是最为明亮的。这也就是说，诸多善妙功德的三十七道品之法，无放逸行法最为第一，最为尊贵。

"无放逸的比丘修行四意断。是哪四意断呢？是这样，比丘如果未生起弊陋邪恶之法，就要寻求方便之法使其不得生起；若是已经生起弊陋邪恶之法，就要寻求方便之法使其断灭；若是未生起善妙之法，就要寻求方便之法使其生起；若是已经生起善妙之法，就要寻求方便之法使其更加滋长增多，始终不忘失，修行圆满具足，内心意念没有忘失。比丘如此地修行四意断。因此，诸比丘！应当寻求方便之法，修行四意断。如此，诸比丘！应当如是修习！"

当时，诸比丘闻听佛所说的话，都欢喜地奉承持行！

二二八经

我亲自听佛这样说：

那时，佛在舍卫国的祇树给孤独园。

当时，世尊告诫诸比丘说："诸多美丽的花中，无论是蔷卜之花，还是须摩那花，天上、人间，婆师花是最为第一。这也就是说，诸多善妙功德的三十七道品之法，无放逸行法最为第一。

"如果无放逸比丘修行四意断。是哪四意断呢？是这样，比丘若是未生起弊陋邪恶之法，就要寻求方便之法使其不得生起；若是已经生起弊陋邪恶之法，就要寻求方便之法使其断灭；若是未生起善妙之法，就要寻求方便之法使其生起；若是已经生起善妙之法，就要寻求方便之法使其滋长增多，始终不忘失，修行圆满具足，内心意念没有忘失。这样，比丘如此修行四意断。因此，诸比丘！应当寻求方便之法，修行四意断。因此，诸比丘！应当如是修习！"

当时，诸比丘闻听佛所说的话，都欢喜地奉承持行！

四神足^①

二五八经

闻如是：

一时，佛在舍卫国祇树给孤独园。

尔时，世尊告诸比丘："有四神足。云何为四？自在三昧^②行尽神足^③；心三昧行尽神足；精进三昧行尽神足；诚三昧行尽神足。

"彼云何为自在三昧行尽神足？所谓诸有三昧，自在意所欲，心所乐，使身体轻便，能隐形极细，是谓第一神足。

"彼云何心三昧行尽神足？所谓心所知法，遍满十方^④，石壁皆过，无所罣碍，是谓名为心三昧行尽神足。

"彼云何名为精进三昧行尽神足？所谓此三昧无有懈倦，亦无所畏，有勇猛意，是谓名为精进三昧行尽神足。

"彼云何名为诚三昧行尽神足？诸有三昧，知众生心中所念，生时、灭时，皆悉知之。有欲心^⑤、无欲心，有嗔恚心、无嗔恚心，有愚痴心、无愚痴心，有疾心、无疾心，有乱心⑥、无乱心，有少心、无少心，有大心⑦、无大心，有量心、无量心⑧，有定心⑨、无定心，有解脱心、无解脱心，一切了知，是谓名为诚三昧行尽神足。

"如是，比丘！有此四神足，欲知一切众生心中所念者，当修行此四神足。如是，诸比丘！当作是学！"

尔时，诸比丘闻佛所说，欢喜奉行！

注释

①**四神足**：这里择选《增一阿含经》卷二十一之《苦乐品》的二五八经，叙说欲知一切众生心中所念者，当修行自在、心、精进、诚等四种三昧行尽神足。

②**自在三昧**：自在，指人心完全脱离了烦恼的系缚而通达无碍；三昧，又作三摩提，或三摩地，译为正定，即离诸邪念把心住于一处而不散乱的意思。

③**神足**：即神足通，五通之一，又名神境智证通、心如意通，即身如其意，随念即至，可在一想念间，十方无量国土都能同时一一到达，变化无穷。

④**十方**：即东、西、南、北、东南、西南、东北、西北、上、下。

⑤**欲心**：即贪欲之心。

⑥**乱心**：即心念散乱，不住于一处。

⑦**大心**：即大乘心，或大愿心。

⑧**无量心**：普缘无量众生之心，引生无量之福，故名无量心。有四种，即慈无量心、悲无量心、喜无量心、舍无量心。与一切众生乐，名慈无量心；拔一切众生苦，名悲无量心；见人行善或离苦得乐，深生欢喜，名喜无量心；如上三心，舍之而不执着，或怨亲平等，不起爱憎，名舍无量心。此四无量心若依禅定而修，则生色界梵天，故又名四梵行。

⑨**定心**：修禅行而远离乱意。

译文

四神足

二五八经

我亲自听佛这样说：

那时，佛在舍卫国的祇树给孤独园。

当时，世尊告诫诸比丘说："有四神足。哪四神足呢？就是自在三昧行尽神足；心三昧行尽神足；精进三昧行尽神足；诚三昧行尽神足。

"那什么是自在三昧行尽神足呢？就是所谓的诸有

三昧，自在无碍，意念随其所欲，内心任其所乐，使身体轻盈便捷，并能隐没形体极为细小，这就是第一神足。

"那什么是心三昧行尽神足呢？就是所谓的心所知晓之法，遍满十方世间，石壁都能穿越过，没有丝毫障碍，这就叫作心三昧行尽神足。

"那什么叫作精进三昧行尽神足呢？就是这三昧没有松懈倦怠，也无所怖畏，具足勇猛意念，这就叫作精进三昧行尽神足。

"那什么叫作诚三昧行尽神足呢？诸有三昧，知晓众生心中的所念所想，出生之时、灭尽之时，全都知晓。有欲心还是无欲心，有嗔恚心还是无嗔恚心，有愚痴心还是无愚痴心，有疾心还是无疾心，有乱心还是无乱心，有少心还是无少心，有大心还是无大心，有量心还是无量心，有定心还是无定心，有解脱心还是无解脱心，一切都明了知晓，这就叫作诚三昧行尽神足。

"如是，比丘！有这四神足，要想知晓一切众生心中的所念所想，就应当修行这四神足。如是，诸比丘！应当如是修习！"

当时，诸比丘闻听佛所说的话，都欢喜地奉承持行！

原典

五根①

二七六经

闻如是：

一时，佛在舍卫国祇树给孤独园。

尔时，世尊告诸比丘："我今当说善聚，汝等善思念之。"

诸比丘对曰："如是，世尊！"诸比丘从佛受教。

世尊告曰："彼云何名为善聚？所谓五根是也。云何为五？所谓信根、精进根、念根、定根、慧根，是谓，比丘！有此五根。若有比丘修行五根者，便成须陀洹②，得不退转③法，必成至道；转进其行成斯陀含④，而来此世尽其苦际⑤；转进其道成阿那含⑥，不复来此世，即复取般涅槃⑦；转⑧进其行，有漏⑨尽，成无漏⑩心解脱、智慧解脱，自身作证而自游戏⑪：生死已尽，梵行已立，所作已办，更不复受胎，如实知之。

"言善聚者，即五根是也。所以然者，此最大聚，众聚中妙⑫。若不行此法者，则不成须陀洹、斯陀含、阿那含、阿罗汉⑬、辟支佛，及如来、至真⑭、等正觉⑮

也。若得此五根者，便有四果⑯、三乘之道。言善聚者，此五根为上。是故，诸比丘！当求方便，行此五根。如是，诸比丘！当作是学！"

尔时，诸比丘闻佛所说，欢喜奉行！

注释

①**五根**：本经选自《增一阿含经》卷二十四之《善聚品》的二七六经，叙说五根为善聚，能令人证果，当求方便，行此五根。五根，即（一）信根，对佛陀有不坏的信仰；（二）精进根，又作勤根，勤修善法，不行恶法；（三）念根，于正法念念不忘；（四）定根，心入寂静之境；（五）慧根，知四圣谛的智慧。

②**须陀洹**：译为预流，或入流，是声闻乘四果中的初果名。入流是初入圣人之流的意思，预流是预入圣者之流的意思。

③**不退转**：又作不退，梵语为阿毗跋致。意为修行之功德善根愈增愈进，不再退失转变。

④**斯陀含**：译为一来，是声闻乘四果中的二果。意为修到此果位者，死后生到天上去做一世天人，再生到我们这世界来一次。

⑤**苦际**：意为苦的最终，受生死之苦的最后之身。

⑥**阿那含**：译为不还、无还，或是不来，为声闻乘四果中的第三果，是断尽欲界烦恼的圣人的通称。凡是修到此果位的圣人，未来当生于色界无色界，不再来欲界受生死，所以叫作不还。

⑦**般涅槃**：即涅槃。

⑧**转**：依物之因缘而生起叫作转，因生起其物又叫转变。

⑨**有漏**：世间的一切有为法，都是有烦恼的有漏法。

⑩**无漏**：清净无烦恼之意。

⑪**游戏**：又作游戏神通，佛菩萨游于神通，化人以自娱乐，叫作游戏。戏，自在之义，无碍之义。

⑫**妙**：梵语曼乳，不可思议之义，绝待之义，无比之义。

⑬**阿罗汉**：译为无生，声闻乘四果中的第四果。意即修到此果位者，解脱生死，不受后有，是声闻乘的最高果位。

⑭**至真**：如来离一切虚伪，故叫作至真。

⑮**等正觉**：梵语三藐三菩提、三藐三佛陀，如来十尊号之第三。觉，即知，觉知遍于一切法；觉知契于理，所以是正，遍正觉知一切法；三世诸佛的觉知平等，所以是等。

⑯**四果**：指声闻乘的四种果位，即须陀洹果、斯陀

含果、阿那含果、阿罗汉果。

译文

五根

二七六经

我亲自听佛这样说：

那时，佛在舍卫国的祇树给孤独园。

当时，世尊告诫诸比丘说："我现在要演说善聚，你们要好好思考。"

诸比丘答道："是的，世尊！"诸比丘就随从佛接受教诲。

世尊对诸比丘说："那什么叫作善聚呢？就是所谓的五根。是哪五根呢？就是所谓的信根、精进根、念根、定根、慧根，这就是说，比丘！具有这五根。若是有比丘修行五根，就会成就须陀洹，获得不退转之法，必定成就至上之道；转而精进其行就会成就斯陀含，从而生来这世间灭尽其苦际；转而精进其道就会成就阿那含，不再生来这世间，随即便获取涅槃；转而精进其行，有漏尽灭，成就无漏心解脱、智慧解脱，自身得证道果而自行游戏神通：生死烦恼已经灭尽，清净梵行已经确立，造作已经断尽三界见思二惑，再也不会受胎，所知合于真如实相。

"所说的善聚，就是五根。所以这样，是因为这是最大之聚，是众聚之中最为善妙的。若是不行此法，就不会成就须陀洹、斯陀含、阿那含、阿罗汉、辟支佛，及如来、至真、等正觉。若是获得这五根，就会有四果、三乘之道。所说的善聚，这五根是最好的。因此，诸比丘！应当寻求方便之法，修行这五根。如是，诸比丘！应当如是修习！"

当时，诸比丘闻听佛所说的话，都欢喜地奉承持行！

原典

七觉意①

三五○经

闻如是：

一时，佛在舍卫国祇树给孤独园。

当于尔时，尊者均头②身抱重患，卧在床褥，不能自起居。是时，均头便念：如来世尊今日不见垂愍，又遭重患，命在不久，医药不接。又闻世尊言："一人不度，吾终不舍。"然今独见遗弃，将何苦哉！

尔时，世尊以天耳③闻均头比丘作是称怨。是时，世尊告诸比丘："汝等皆集至均头比丘所，问其所疾。"

诸比丘对曰："如是，世尊！"

世尊将众多比丘渐渐至均头比丘房。是时，均头遥见如来来，即自投地。尔时，世尊告均头曰："汝今抱患极为笃重，不须下床，吾自有座。"

尔时，世尊告均头曰："汝所患为增为损，不增损乎？有能堪任受吾教也？"

是时，均头比丘白佛言："弟子今日所患极笃，但有增无损也，所服药草，靡不周遍。"

世尊问曰："瞻视病者竟为是谁？"

均头白言："诸梵行来见瞻视。"

尔时，世尊告均头曰："汝今堪与吾说七觉意④乎？"

均头是时，三自称说七觉意名："我今堪任于如来前说七觉意法。"

世尊告曰："若能堪任向如来说，今便说之。"

是时，均头白佛言："七觉意者。何等为七？所谓念觉意如来之所说，法觉意、精进觉意、喜觉意、猗觉意、定觉意、护觉意。是谓，世尊！有此七觉意者，正谓此耳！"

尔时，尊者均头说此语已，所有疾患，皆悉除愈，无有众恼。是时，均头白世尊言："药中之盛，所谓此七觉意之法是也。欲言药中之盛者，不过此七觉意，今思维此七觉意，所有众病皆悉除愈。"

尔时，世尊告诸比丘："汝等受持⑤此七觉意法，善念讽诵⑥，勿有狐疑于佛、法、众者，彼众生类所有疾患皆悉除愈。所以然者，此七觉意甚难晓了；一切诸法皆悉了知，照明一切诸法，亦如良药疗治一切众病，犹如甘露⑦食无厌足。若不得此七觉意者，众生之类流转生死。诸比丘！当求方便，修七觉意。如是，诸比丘！当作是学！"

尔时，诸比丘闻佛所说，欢喜奉行！

三五一经

闻如是：

一时，佛在舍卫国祇树给孤独园。

尔时，世尊告诸比丘："若转轮圣王出现世间时，便有七宝出现世间。所谓轮宝⑧、象宝⑨、马宝⑩、珠宝⑪、玉女宝⑫、居士宝⑬、典兵宝⑭，是为七宝。是谓转轮圣王出现世时，便有此七宝流布世间。

"若如来出现世间时，便有七觉意宝出现世间。云何为七？所谓念觉意、法觉意、精进觉意、喜觉意、猗觉意、定觉意、护觉意，出现于世。若如来出现世间时，便有此七觉意宝出现世间。是故，诸比丘！当求方便，修此七觉意。如是，诸比丘！当作是学！"

尔时，诸比丘闻佛所说，欢喜奉行！

三五二经

闻如是：

一时，佛在舍卫国祇树给孤独园。

尔时，彼比丘白佛言："若转轮圣王命终之后，为生何处？"

世尊告曰："转轮圣王命终之后生三十三天，受命千岁。所以然者，转轮圣王自不杀生^⑮，复教他人使不杀生；自不窃盗^⑯，复教他人使不偷盗；自不淫泆^⑰，复教他人使不行淫；自不妄语^⑱，复教他人使不妄语；自行十善^⑲之法，复教他人使行十善。比丘当知：转轮圣王缘此功德，命终之后生三十三天。"

尔时，彼比丘便作是念：转轮圣王甚可贪慕。欲言是人，复非是人；然其实非天，又施行天事，受诸妙乐^⑳，不堕三恶趣。若我今日持戒勇猛，所有之福，使将来之世得作转轮圣王者，不亦快哉！

尔时，世尊知彼比丘心中所念，告彼比丘曰："今在如来前勿作是念。所以然者，转轮圣王虽成就七宝，有四神足，无能及者，犹不免三恶之趣：地狱、畜生、饿鬼之道。所以然者，转轮圣王不得四禅㉑、四神足，不得四谛，由此因缘，复堕三恶趣。人身甚为难得，遭值八难㉒，求出甚难；生正国中，亦复不易；求善良友，亦复不易；欲与善知识㉓相遇，亦复不易；欲从如来法中学道者，亦复难遇；如来出现，甚不可遭；所演法教，亦复如是，解脱、四谛及四非常㉔，实不可得闻。转轮圣王于此四法，亦不得究竟㉕。若，比丘！如来出现世时，便有此七宝出现世间。如来七觉意宝，至无边㉖究竟，天、人所誉，比丘今日善修梵行，于此现身得尽苦际，用此转轮圣王七宝乎？"

尔时，彼比丘闻如来如是之教，在闲静之处，思维道教，所以族姓子，剃除须发，出家学道，欲修无上正业：生死已尽，梵行已立，所作已办，更不复受有，如实知之。尔时，彼比丘便成罗汉。

尔时，彼比丘闻佛所说，欢喜奉行！

注释

①此处选自《增一阿含经》卷三十三之《声闻品》的三五〇、三五一经及《苦乐品》的三五二经的一部分。

叙说当求方便，修七觉意。

②**均头**：又作均提，即摩诃均头（Mahācunda），译为大瘦短，舍利弗之侍者，七岁出家从舍利弗闻法即得证阿罗汉果。得道之后，思念师恩，终身做沙弥，供给所需。

③**天耳**：为色界诸天人所具有的耳根，能闻六道众生的语言及远近粗细的一切音声。是由色界所属的四大而成。

④**七觉意**：又作七觉支、七菩提分，即顺趣菩提的七种法，三十七菩提分之一科。（一）念觉支，心中明白，常念于禅定智慧。（二）择法觉支，依智慧能选择真法，舍弃虚伪法。（三）精进觉支，精进于正念而不懈怠。（四）喜觉支，得正法而喜悦。（五）猗觉支，又作轻安觉支，指身心轻快安稳。（六）定觉支，入禅定而心不散乱。（七）护觉支，又作舍觉支，心无偏颇，不执着而保持平衡。

⑤**受持**：领受忆持。

⑥**讽诵**：扬诵经文或偈颂谓之讽诵。

⑦**甘露**：梵语阿密哩多，译为甘露，异名天酒、美露，味甘如蜜，为天人所食。又作不死液，原意不死，可引申为达到不死之位，佛法中，以涅槃、甘露能永断生死，是真不死药。

⑧**轮宝**：转轮圣王的宝器。此种宝器当轮王游行时，

必先自前进，以制伏四方，有金银铜铁四种轮王的分别。

⑨**象宝：**转轮圣王七宝之一，为乘驾而感得象之最胜。

⑩**马宝：**转轮圣王七宝之一。此马身毛极青，尾毛朱光，行不移动，飞行虚空，体性良善，没有暴疾。

⑪**珠宝：**梵语摩尼、末尼，译言珠宝、离垢、如意。转轮圣王七宝之一，此宝光净不为垢秽所染，出自龙王或摩竭鱼之脑中。

⑫**玉女宝：**转轮圣王七宝之一。此玉女宝颜貌端正，面如桃花色，不长不短，不白不黑，体性柔和，口气作优钵花香，身作栴檀香，恒侍轮王左右。

⑬**居士宝：**转轮圣王七宝之一。居士，又作家主、长者、居士族、商主。居士有二，一为居财之士，二为居家之士。此居士宝不长不短，身体红色，高才智达，无事不开，又得天眼通。

⑭**典兵宝：**转轮圣王七宝之一。此宝聪明盖世，预知人情，身体好色，随王所念，云集兵众，在王左右。

⑮**不杀生：**在在家出家小乘大乘一切戒中，禁止杀害一切有情生命。

⑯**不窃盗：**即不偷盗、不与取。他人不与而自取即为偷盗。

⑰**不淫泆：**即离一切之淫事，在在家五戒中为不邪

淫，仅禁邪淫。

⑱**不妄语**：在家出家小乘大乘一切戒中皆有制定，禁止一切虚妄不实之言。

⑲**十善**：十种善业，即不杀生、不偷盗、不邪淫、不妄语、不两舌、不恶口、不绮语、不贪、不嗔、不痴。

⑳**妙乐**：殊妙的欢乐。

㉑**四禅**：又作四静虑。除欲、恶不善法，有觉、有观，离生喜乐，入于初禅。灭有觉、观，内信、一心，无觉、无观，定生喜乐，入第二禅。离喜修舍、念、进，自知身乐，诸圣所求，忆念、舍、乐，入第三禅。离苦、乐行，先灭忧喜，不苦不乐、舍念清净，入第四禅。

㉒**八难**：又作八非时。谓不易见佛闻法的八种难处，即地狱、饿鬼、畜生、北俱卢洲、长寿天、盲聋喑哑、世智辩聪、佛前佛后。此中地狱、饿鬼、畜生属三恶道，因业障深重，难以见闻佛法；北俱卢洲人福分虽大，但乐无苦，故不想知佛法；长寿天指色界、无色界的诸天，极长寿命，寂静安稳，自以为至涅槃，故难于学佛；患盲聋喑哑者，自然不能见佛闻法；世智辩聪者，凭仗世俗聪明，不仅不能虚心修行，甚至毁谤佛法；生于佛前佛后者，亦无法见佛闻法。

㉓**善知识**：即信解佛法而又学问渊博的人。

㉔**四非常**：即四无常，指无常、苦、空、无我。

㉕**究竟**：意为事理之极致。

㉖**无边**：意为广大而无边际。

译文

七觉意

三五〇经

那时，佛在舍卫国的祇树给孤独园。

当时，均头尊者身患重病，倒卧在床榻之上，不能自己起居。这时，均头便产生了这样的念头：今日不被如来世尊所垂怜哀愍，又遭逢重病，寿命将不长远，医治的草药不能接济。又曾听闻世尊说："一人不被度化，我终不将其舍弃。"然而如今我独被遗弃，将是多么的苦啊！

当时，世尊以天耳闻听到均头比丘所发出的这些怨言。这时，世尊对诸比丘说："你们都会集到均头比丘的处所，问候他的疾病。"

诸比丘答道："是的，世尊！"

世尊带领着众多的比丘渐渐来到均头比丘的住处。这时，均头远远看见如来来到，马上伏身于地。当时，世尊对均头说："你如今身患疾病，极为笃重，不必下床，我自己有座位。"

当时，世尊对均头说："你所患的病是严重还是轻微，有没有增减呢？是否能胜任接受我的教诲呢？"

这时，均头比丘对佛说："弟子今天所患的疾病极为笃重，只有增加没有减轻，所服用药草，全都尝遍没有遗漏。"

世尊问道："来探视病人的究竟是谁？"

均头回答道："是诸位梵行之士前来探视我。"

当时，世尊问均头道："你如今能够为我宣说七觉意吗？"

均头这时，三次自言称七觉意的名称后说道："我现在能够在如来面前演说七觉意之法。"

世尊对他说："若是能够向如来演说的话，那现在就说说。"

这时，均头对佛说："七觉意，是哪七觉意呢？就是所谓的念觉意，是如来所宣说的，另外，还有法觉意、精进觉意、喜觉意、轻安觉意、定觉意、舍觉意。这就是说，世尊！有这七觉意，所说的正是这些！"

当时，均头尊者说完这话后，所有的疾患，全都除去痊愈，没有了众多的苦恼。这时，均头对世尊说："药中最好的，就是所谓的这七觉意之法。要说药中最好的，不过就是这七觉意，现在思考这七觉意，所有众多病患全皆除去痊愈。"

当时，世尊告诫诸比丘说："你们领受忆持这七觉意之法，好好思念讽诵，不要对佛、法、僧存有狐疑，那些众生所有的病患全都除去痊愈。所以这样，是因为这七觉意甚是难以明了通晓；一切诸法全都明了觉知，普遍照明一切诸法，也就犹如良药可以治疗一切病患，犹如美味甘露食之而无有厌足。若是没有得到这七觉意的众生，就会在生死烦恼中轮回流转。诸比丘！应当寻求方便之法，修行七觉意。如此，诸比丘！应当如是修习！"

当时，诸比丘闻听佛所说的话，都欢喜地奉承持行！

三五一经

我亲自听佛这样说：

那时，佛在舍卫国的祇树给孤独园。

当时，世尊告诫诸比丘说："若是转轮圣王出现于世间，就会有七宝出现在世间。就是所谓的轮宝、象宝、马宝、珠宝、玉女宝、居士宝、典兵宝，这就是七宝。这就是所说的转轮圣王出现于世间的时候，就会有这七宝流布在世间。

"若是如来出现在世间的时候，就会有七觉意宝出现在世间。是哪七觉意宝呢？就是所说的念觉意、法觉意、精进觉意、喜觉意、轻安觉意、定觉意、舍觉意，出现在世间。若是如来出现在世间的时候，就会有这七觉意宝出现在世间。因此，诸比丘！应当寻求方便之法，修习这七觉意。如此，诸比丘！应当如是修习！"

当时，诸比丘闻听佛所说的话，都欢喜地奉承持行！

三五二经

我亲自听佛这样说：

那时，佛在舍卫国的祇树给孤独园。

当时，那位比丘对佛说："若是转轮圣王的寿命终结之后，要转生到什么地方呢？"

世尊告诫比丘说："转轮圣王寿命终结之后转生往三十三天，受身寿命为千岁。所以这样，是因为转轮圣王自己不杀生，还教授他人让其不杀生；自己不偷盗，还教授他人让其不偷盗；自己不淫泆，还教授他人让其不行淫泆；自己不妄语，还教授他人让其不妄语；自己持行十善之法，还教授他人让其持行十善之法。比丘你应当知晓：转轮圣王正是缘于这些功德，在寿命终结之

邪业⑥趣泥犁之路，正业向涅槃之道；邪命⑦趣泥犁之路，正命向涅槃之道；邪方便趣泥犁之路，正方便⑧向涅槃之道；邪念趣泥犁之路，正念向涅槃之道；邪定⑨趣泥犁之路，正定向涅槃之道。是谓，比丘！趣泥犁之路，向涅槃之道。诸佛世尊常所应说法，今已果矣！汝等乐在闲居处，树下露坐，念行善法，无起懈慢。今不勤行，后悔无及。"

尔时，诸比丘闻佛所说，欢喜奉行！

三八〇经

闻如是：

一时，佛在舍卫国祇树给孤独园。

马血天子⑩非人⑪之时，至世尊所，头面礼足，在一面立。尔时，天子白世尊言："向者生此念：在地步度，可尽此世界不乎？我今问世尊，可以步尽世界不耶？"

世尊告曰："汝今以何义理而作此问？"

天子白佛言："我昔日一时至婆伽梵天所。是时，梵天遥见我来，而语我言：'善来，马血天子！此处无为⑫之境，无生、无老、无病、无死、无终、无始，亦无愁、忧、苦、恼。'当我尔时，复作是念：此是涅槃道耶？何以故？涅槃之中无生、老、病、死、愁、忧、苦、恼。此是世界之极边耶？设当是世界边际者，是为世间可步度耶？"

世尊告曰："汝今神足为何等类？"

天子白佛言："犹如力士善于射术，箭去无碍；我今神足其德如是，无所罣碍。"

世尊告曰："我今问汝，随所乐报之。犹如有四男子善于射术，然彼四人各向四方射，设有人来，意欲尽摄四面之箭，使不堕地。云何，天子！此人极为捷疾不耶？乃能使箭不堕于地。

"天子当知：上日月前有捷步天子，行来进止复逾斯人之捷疾，然日月宫殿行甚于斯。计彼人天子及日月宫殿之疾，故不如三十三天之速疾也；计三十三天之疾，不如艳天之疾。如是，诸天所有神足，各各不相及。假使汝今有此神德，如彼诸天，从劫至劫，乃至百劫，犹不能尽世境界。所以然者，地界方域不可称计。

"天子当知：我过去久远世时，曾作仙人，名为马血，与汝同字。欲爱已尽，飞行虚空，无所触⑬碍。我尔时，神足与人有异，弹指之顷，已能摄此四方箭，使不堕落。时，我以有此神足，便作是念：我今能以此神足，可尽境地边际乎？即涉世界而不能尽其方域。命终之后，进德修业而成佛道，坐树王⑭下，端坐思维往昔经历所施为事：本为仙人，以此神德犹不能尽其方面，当以何神力而得究其边际乎？时，我复作是念：要当乘⑮贤圣八品之径路，然后乃得尽生死边际。

"彼云何名为乘贤圣八品之径路？所谓正见、正治、正语、正业、正命、正方便、正念、正三昧。天子！又知斯名贤圣八品道，得尽世界之边际。诸过去恒沙诸佛得尽世界者，尽用此贤圣八品道而究世界。正使将来诸佛世尊出现世者，当以此贤圣之道得尽边际。"

尔时，世尊便说此偈：

> 步涉无究竟，得尽世界者；
> 地种不可称，非神足所及。
> 凡夫施设意，于中起迷惑；
> 不别真正法，流转五道中。
> 贤圣八品道，以此为舟船；
> 诸佛之所行，而究世界边。
> 正使当来佛，弥勒之等类；
> 亦用八种道，得尽于世界。
> 是故有智士，修此贤圣道；
> 昼夜习行之，便至无为处。

是时，马血天子从如来闻说贤圣八品道，即于座上，诸尘垢尽，得法眼净。尔时，天子即以头面礼足，绕佛三匝，便退而去。是时，彼天子即其日，以天种种好华散如来上，即时便说斯偈：

> 流转生死久，欲涉度世界；
> 贤圣八品道，不知又不见。
> 今我以见谛，又闻八品道；
> 便得尽边际，诸佛所到处。

尔时，世尊可彼天子所说。时，彼天子以见佛可之，即礼世尊足，便退而去。

尔时，彼天子闻佛所说，欢喜奉行！

注释

①此处择选《增一阿含经》卷三十七之《八难品》的三七九经和卷三十八之《马血天子问八政品》的三八〇经，内容是叙说八正道为向涅槃之道。

②**泥犁：** 又作泥犁耶，即地狱，为由罪业而感召之极苦处所。

③**邪见：** 不明因果，违反正理的一切见解。

④**邪治：** 即邪志，又作邪思维，指横邪的思想。

⑤**正治：** 即正志，又作正思维，就是正确的思想。

⑥**邪业：** 即邪行，不正当的行法，总称九十六种外道的行法。

⑦**邪命：** 从事不正当的事业来维持生活。

⑧**正方便**：即正精进，指正当的努力。

⑨**邪定**：又作邪性定聚，为三聚之一。指毕竟不证悟。

⑩**马血天子**：Rohitassa-devaputta，又作赤马天子。

⑪**非人**：指天龙八部中似人而非人的鬼神。

⑫**无为**：指贪欲、嗔恚、愚痴永尽，一切烦恼永尽，亦即不在三界造作生死，无三界之生、住、异、灭的涅槃。

⑬**触**：梵语萨婆罗耆，五境之一，身根所触有坚湿暖动等十一种。又，不净为触。

⑭**树王**：为树中之王。天之树王就是忉利天上所谓的波利质多树。

⑮**乘**：运载之义，是譬喻佛法如渡船，能把众生从生死的此岸运载到涅槃的彼岸。乘有一乘、二乘、三乘、四乘、五乘之别。

译文

八正道

三七九经

我亲自听佛这样说：

那时，佛在舍卫国的祇树给孤独园。

当时，世尊告诫诸比丘说："我现在要宣说趣向地狱之路，趣往涅槃之道，好好思考，不要让其漏失。"

诸比丘对佛说："是的，世尊！"诸比丘随从佛接受教诲。

佛告诫比丘说："那什么是趣向地狱之路，趣往涅槃之道呢？邪见趣向地狱之路，正见趣往涅槃之道；邪思维趣向地狱之路，正思维趣往涅槃之道；邪语趣向地狱之路，正语趣往涅槃之道；邪业趣向地狱之路，正业趣往涅槃之道；邪命趣向地狱之路，正命趣往涅槃之道；邪方便趣向地狱之路，正方便趣往涅槃之道；邪念趣向地狱之路，正念趣往涅槃之道；邪定趣向地狱之路，正定趣往涅槃之道。这就是所说的，比丘！趣向地狱之路，趣往涅槃之道。是诸佛世尊常常所演说的教法，现在已经讲完了！你们应乐于在闲静的居处，在菩提树下的露地上安坐，思念持行这圣善之法，不要生起懈怠轻慢。现在不勤加持行，就会后悔不及。"

当时，诸比丘闻听佛所说的话后，都欢喜地奉承持行！

三八〇经

我亲自听佛这样说：

那时，佛在舍卫国的祇树给孤独园。

马血天子在非人之时，曾前往世尊的处所，头面接足地礼佛后，便住立在一边。当时，天子对世尊说："过去曾产生有这样的念头：在大地之上用脚步度量，可以度量完这世界吗？我现在询问世尊，可以用脚步量尽这世界吗？"

世尊告诉他道："你现在是由于什么义理而产生这疑问的呢？"

天子对佛说："我在往昔的时候曾前往婆伽梵天的处所。那时，梵天远远看见我前来，就对我说："来得好，马血天子！此处是无为之境，无生、无老、无病、无死、无终、无始，也无愁、忧、苦、恼。"当时，我又产生这样的念头：这是涅槃之道吗？什么缘故呢？因为涅槃境界中是无生、老、病、死、愁、忧、苦、恼。这是世界的极致边际吗？假设是这世界的边际，这世间可以用脚步量度的吗？"

世尊询问天子说："你如今的神足相当于几等呢？"

天子对佛说："犹如大力士善于射箭，箭矢射出没有障碍；我如今的神足其德性也是如此，无所障碍。"

世尊告诫天子说："我现在问你，你可以随喜地回答。譬如有四位男子善于射箭，然而那四人各自向四面射箭，假使有人前来，想要全部收摄这四面之箭，使其不致堕地。怎么样，天子！这个人极为迅捷吗？才能使射出的箭不致堕落于地。

"天子应当知道：天上日月前有位捷步天子，行进往来止步又超过能摄取四方箭的人的迅捷，日月宫殿的行进又超过捷步天子。就是那摄取四方箭的人、捷步天子及日月宫殿的迅捷，不如三十三天的迅捷；就是三十三天的迅捷，不如夜摩天的迅捷。如此，诸天所具有的神足，各自不相匹及。假使你如今有这种神通德性，犹如那诸天，从一劫到另一劫，以至百劫，还是不能达到世界的尽头。所以这样，是因为地域方界是不可胜数的。

"天子应当知道：我在久远的过去世时，曾经作为仙人，名叫马血，与你同名。贪着爱欲已经灭尽，飞行于虚空之中，没有滞障阻碍。我在当时，神足与他人有所不同，弹指之间，已经能够收摄这射向四方的箭，使之不致堕落。当时，我因为有这神足，就产生这种念头：我现在能用这神足，可以度量尽这地域的边际吗？马上就涉度这世界而不能量尽其方域。寿命终结之后，精进德行修持善业而得以成就佛道，坐在树王之下，端正身形思考过去所经历做过的事：原本作为仙人，以那神通德行还是不能量尽那世界地域，应当用什么样的神力才能得以探究其边际呢？当时，我又产生这种念头：应当要乘贤圣八品的途径，然后才能得以灭尽生死烦恼的边际。

"那什么叫作乘贤圣八品的途径呢？就是所谓的正见、正思维、正语、正业、正命、正精进、正念、正定。天子！又知晓这名叫贤圣八品道，得以尽达世界的边际。过去诸恒沙数的诸佛得以尽达世界的，全都是用这贤圣八品道而探究世界。正使将来诸佛世尊出现于世间，也应当以这贤圣之道得以尽达世界边际。"

当时，世尊就说出这首偈颂：

> 脚步涉度不能探究到极致，
> 不能得以尽达世界的边际；
> 地界方域不可胜数，
> 不是神足所能量度。
> 凡夫俗子设意量度世界，
> 于此之中生起迷惑；
> 不能辨别真实的正法，
> 在五道之中轮回流转。

以这贤圣八品道作为舟船，

为诸佛世尊之所持行，

而去探究这世界的边际。

正使未来之佛及弥勒佛等，

也以这贤圣八品道，

得以尽达这世界的边际。

因此所有的智慧之士，

都修持这贤圣之道；

昼夜不间断地修习持行此道，

就可达到无为的涅槃境界。

这时，马血天子随从如来闻听如来所说的贤圣八品道后，随即就在座位之上，诸多尘垢尽除，获得法眼清净。当时，天子就头面接足地礼佛后，绕佛三匝，就退出离去。这时，那天子就在当天，用天上种种美丽鲜花散落在如来身上，当时就说出这样一首偈：

长久地流转于生死之间，

要用脚步度量这世界；

对于这贤圣八品道，

不曾知晓也不曾见到。

如今我因见到了真谛，

又闻听了贤圣的八品之道；

就得以尽达世界的边际，

到达诸佛世尊所达到的处所。

当时，世尊认可了那天子所说的偈颂。当时，那天子见佛已经认可，随即礼拜世尊之足，就退出离去。

当时，那天子闻听佛所说的话后，就欢喜地奉承持行！

7 大乘菩萨

六七经

闻如是：

一时，佛在舍卫国祇树给孤独园。

尔时，阿那邠持长者①便往至世尊所，头面礼世尊足，在一面坐。世尊告曰："云何，长者！贵家恒布施贫乏耶？"

长者对曰："如是，世尊！恒布施贫乏。于四城门而广布施，复在家中给与所须。世尊！我或时作是念：并欲布施野兽、飞鸟、猪、狗之属。我亦无是念：此应与，此不应与。亦复无是念：此应与多，此应与少。我恒有是念：一切众生皆由食而存其命，有食便存，无食便丧。"

世尊告曰："善哉！善哉！长者！汝乃以菩萨心，专精一意而广惠施。然此众生由食得济，无食便丧。长者！汝当获大果，得大名称，有大果报，声彻十方，得甘露法②味。所以然者，菩萨之处恒以平等心而以惠施，专精一意，念众生类由食而存，有食便济，无食便丧。是谓，长者！菩萨心所安处而广惠施。"

尔时，世尊便说偈曰：

尽当普惠施，终无悋悔心；
必当遇良友，得济到彼岸。

"是故，长者！当平等意而广惠施。如是，长者！当作是学！"

尔时，长者闻佛所说，欢喜奉行！

一六七经

闻如是：

一时，佛在舍卫国祇树给孤独园。

尔时，世尊告诸比丘："若有人懈惰，种不善行，于事有损。若能不懈惰而精进者，此者最妙，于诸善法便有增益。所以然者，弥勒菩萨经三十劫应当作佛、至真、等正觉，我以精进力、勇猛之心，使弥勒在后。过去恒沙多萨阿竭、阿罗诃、三耶三佛，皆由勇猛而得成佛。以此方便，当知懈惰为苦，作诸恶行，于事有损。若能精进勇猛心强，诸善功德便有增益。是故，诸比丘！当念精进，勿有懈怠。如是，诸比丘！当作是学！"

尔时，诸比丘闻佛所说，欢喜奉行！

一六八经

闻如是：

一时，佛在舍卫国祇树给孤独园。

尔时，世尊告诸比丘："阿练比丘③当修行二法。云何二法？所谓止与观④也。若阿练比丘得休息止，则戒律成就，不失威仪，不犯禁行，作诸功德。若复阿练比丘得观已，便观此苦，如实知之。观苦集，观苦尽，观苦出要，如实知之。彼如是观已，欲漏心得解脱，有漏心、无明漏心得解脱，便得解脱智：生死已尽，梵行已立，所作已办，更不复受有，如实知之。

"过去诸多萨阿竭、阿罗诃、三耶三佛皆由此二法而得成就。所以然者，犹如菩萨坐树王下时，先思维此法止与观也。若菩萨摩诃萨得止已，便能降伏魔怨；若复菩萨得观已，寻成三达智⑤，成无上至真、等正觉。是故，诸比丘！阿练比丘当求方便，行此二法。如是，诸比丘！当作是学！"

尔时，诸比丘闻佛所说，欢喜奉行！

一七一经

闻如是：

一时，佛在舍卫国祇树给孤独园。

尔时，世尊告诸比丘："有二法与凡夫人，得大功德，成大果报，得甘露味，至无为处。云何为二法？供养父母，是谓二人获大功德，成大果报。若复供养一生补处菩萨⑥，获大功德，得大果报。是谓，比丘！施此二人获大功德，受大果报，得甘露味，至无为处。是故，诸比丘！常念孝顺供养父母。如是，诸比丘！当作是学！"

尔时，诸比丘闻佛所说，欢喜奉行！

二三九经

闻如是：

一时，佛在舍卫国祇树给孤独园。

尔时，弥勒菩萨至如来所，头面礼足，在一面坐。

尔时，弥勒菩萨白世尊言："菩萨摩诃萨成就几法，而行檀波罗蜜，具足六波罗蜜⑦，疾成无上正真之道？"

佛告弥勒："若菩萨摩诃萨行四法本⑧，具足六波罗蜜，疾成无上正真等正觉。云何为四？于是，菩萨惠施佛、辟支佛，下及凡人，皆悉平均不选择人，恒作斯念：一切由食而存，无食则丧。是谓菩萨成就此初法，具足六度。

"复次，菩萨若惠施之时，头、目、髓、脑，国、财、妻、子，欢喜惠施，不生着想。由如应死之人临时还活，欢喜踊跃，不能自胜。尔时，菩萨发心⑨喜悦，亦复如是，布施誓愿不生想着。

"复次，弥勒！菩萨布施之时，普及一切，不自为己使成无上正真之道。是谓成就此三法，具足六度。

"复次，弥勒！菩萨摩诃萨布施之时，作是思维：诸有众生之类，菩萨最为上首，具足六度，了诸法本。何以故？食已，诸根寂静，思维禁戒，不兴嗔恚，修行慈心，勇猛精进，增其善法，除不善法，恒若一心，意不错乱，具足辩才，法门终不越次，使此诸施具足六度，成就檀波罗蜜。

"若菩萨摩诃萨行此四法，疾成无上正真等正觉。是故，弥勒！若菩萨摩诃萨欲施之时，当发此誓愿，具足诸行。如是，弥勒！当作是学！"

尔时，弥勒闻佛所说，欢喜奉行！

三〇九经

闻如是：

一时，佛在舍卫国祇树给孤独园。

尔时，世尊告诸比丘："如来出现世时必当为五事。云何为五？一者当转法轮⑩，二者当度父母，三者无信之人立于信地，四者未发菩萨意使发菩萨心，五者当授将来佛决⑪。若如来出现世时，当为此五事。是故，诸比丘！当起慈心向于如来。如是，比丘！当作是学！"

尔时，诸比丘闻佛所说，欢喜奉行！

三七四经

闻如是：

一时，佛在舍卫国祇树给孤独园。

尔时，世尊告诸比丘："天地大动有八因缘。云何为八？比丘当知：此阎浮⑫里地，南北二万一千由旬，东西七千由旬，厚六万八千由旬，水厚八万四千由旬，火厚八万四千由旬，火下有风厚六万八千由旬，风下际有金刚轮⑬，过去诸佛世尊舍利尽在彼间。比丘当知：或有是时，大风正动，火亦动；火已动，水便动；水已动，地便动，是谓第一因缘使地大动。

"复次，菩萨从兜术天降神⑭来下，在母胎中，是时地亦大动，是谓第二因缘使地大动。

"复次，菩萨降神出母胎时，天地大动，是谓第三因缘使地大动。

"复次，菩萨出家学道，成无上正真等正觉，是时天地大动，是谓第四因缘使地大动。

"复次，若如来入无余涅槃⑮界而取灭度，是时天地大动，是谓第五因缘使地大动。

"复次，有大神足比丘心得自在，随意欲行无数变化⑯，或分身⑰为百千之数，复还为一，飞行虚空，石壁皆过，踊没自由，观地无地想，了悉空无，是时地为大动，是谓第六因缘地为大动。

"复次，诸天大神足，神德无量，从彼命终还生彼间，由宿福行，具足诸德，舍本天形，得作帝释、若梵天王，时地为大动，是谓第七因缘地为大动。

"复次，若众生命终福尽，是时诸国王不乐本邦，各各相攻伐，或饥俭死者，或刀刃死者，是时天地大动，是谓第八因缘使地大动。如是，比丘！有八因缘使天地大动。"

尔时，诸比丘闻佛所说，欢喜奉行！

注释

①**阿那邠持长者**：即舍卫国的给孤独长者，有七子不信佛法，长者各与金千两，使之前往佛处，蒙受佛的教诲。

②**甘露法**：如来所训示的真理教法，因其教法能令众生解脱涅槃。

③**阿练比丘**：又作阿兰若比丘，即住于闲静处、远离处的比丘。住于阿兰若处，为头陀行之一。

④**止与观**：即止观。止是定的意思，观是慧的意思，是定慧双修之义。若就方法来说，止息妄念名止，或观诸法空，或观诸法假，或空假双即，皆名观。

⑤**三达智**：又作三明，在佛曰三达，在罗汉曰三明。即除尽愚暗，于三种智证明通达无碍：（一）宿命智证明，为宿住随念智作证明的略称，又作宿命明，即能忆宿命无数劫事。（二）生死智证明，又作天眼明，即能尽见众生死此生彼。（三）漏尽智证明，又作漏尽明，即断一切烦恼证涅槃。

⑥**一生补处菩萨**：一生补处，为一生所系之义，此一生之后补佛处，即尽一生即能补到佛位的意思，为最后身菩萨的别号。例如兜率天内院之弥勒菩萨，将继释迦佛之后补佛处，为一生补处菩萨。

⑦**六波罗蜜**：又作六波罗蜜多，译为六度、六到彼岸，为从生死此岸到达解脱彼岸的六种胜行。（一）檀那波罗蜜，即布施度；（二）尸罗波罗蜜，又作尸波罗蜜，即持戒度；（三）羼提波罗蜜，又作羼波罗蜜，即忍辱度；（四）毗梨耶波罗蜜，又作毗离耶波罗蜜，即精进度；（五）禅那波罗蜜，又作禅波罗蜜，即禅定度；（六）般若波罗蜜，又作般罗若波罗蜜，即智慧度。

⑧**四法本**：又作四法本末，即一切诸行无常、一切诸行苦、一切诸行无我、涅槃永寂。

⑨**发心**：发愿求取无上菩提之心。

⑩**转法轮**：佛的教法，如车轮旋转，能转凡成圣，能碾摧一切的烦恼，谓之法轮，佛说法，度众生，谓之转法轮。

⑪**佛决**：即做佛的记别。

⑫**阎浮**：又作阎浮提，译言为赡部洲。阎浮是树名，译为赡部，因为此洲的中心，有阎浮树的森林，依此树的缘故，称为赡部洲，赡部洲就是我们现在所居住的娑婆世界。

⑬**金刚轮**：即金轮，在地层最底端，其量广无数，厚十六洛叉，在金轮上有九大山，妙高山王住处其中。

⑭**神**：又作神识，有情的心识灵妙不可思议，所以名神识，俗称作灵魂。

⑮**无余涅槃**：与有余涅槃相对。如阿罗汉惑业已尽，生死已了，但其身体还在，名有余涅槃，或有余依涅槃，言其生死之因虽尽，但犹余有漏的依身；待其依向亦亡了，才名无余涅槃，或无余依涅槃。

⑯**变化**：转换旧形名为变，无而忽有名为化。是佛菩萨的神通力，能变化一切的有情与非情。

⑰**分身**：诸佛为以方便力，化所有的有情众生，分身于十方世界，而现成佛相。

译文

六七经

我亲自听佛这样说：

那时，佛在舍卫国的祇树给孤独园。

当时，给孤独长者就前往到世尊的处所，头面接足地礼拜世尊后，在一边落座。世尊询问道："为什么，长者！您家恒久地布施贫困之人呢？"

长者对世尊说："是的，世尊！我恒久地布施贫困之人。在四座城门广泛布施，又在家中供给他们所需要的。世尊！我有时这样想：想要一并布施与野兽、飞鸟、猪、狗之类。我从未有这种的想法：什么是应该施与，什么是不应该施与的分别。我还没有这种想法：什么应该多给，什么应该少给。我恒久地有这样的想法：一切众生都是因有食物而存活其命，有食物便存活，没有食物便丧命。"

世尊对长者说："好哇！好哇！长者！你能以菩萨心，专注一心地广泛布施。然而这些众生因有食物而得以救度，没有食物便会丧命。长者！你将获得大果报，得到大名称，有大果报，声名传播十方世界，获得甘露法味。所以这样，菩萨安处于以恒久的平等心进行布施，专注一心，念想着众生都因有食物而得以存活，有食物便得以救度，没有食物便会丧命。这就是说，长者！安处于菩萨心而广泛布施。"

当时，世尊就说出一首偈：

尽当普遍地进行布施，
始终没有悔悔之心；
必定会遇逢良善之友，
获得救度而达到彼岸。

"因此，长者！应当以平等心而广泛布施。正是如此，长者！应当如是修习！"

当时，长者闻听佛所说的话后，就欢喜地奉承持行！

一六七经

我亲自听佛这样说：

那时，佛在舍卫国的祇树给孤独园。

当时，世尊告诉诸比丘说："若是有人懈怠懒惰，做下不善之事，对善法将有所毁损。若是能不懈怠懒惰，而是勇猛精进，这是最好的，对于诸善法就会有所增益。所以这样，是因为弥勒菩萨经历三十个大劫后应当成为佛、至真、等正觉，我以精进之力、勇猛之心，使弥勒落在后边。过去恒河沙数的如来、应供、正遍知，都是由于勇猛精进而得以成就的。用这种方便法门，可以知晓懈怠懒惰是苦，做下种种恶行，对于善法会有所毁损。若是能以强劲的精进勇猛之心，诸善功德就会有所增益。因此，诸比丘！应当思念精进，不要有所懈怠。如此，诸比丘！应当如是修习！"

当时，诸比丘闻听佛所说的话后，都欢喜地奉承持行！

一六八经

我亲自听佛这样说：

那时，佛在舍卫国的祇树给孤独园。

当时，世尊告诉诸比丘说："阿兰若比丘应当修行二法。是哪二法呢？就是所谓的止与观。若是阿兰若比丘能够获得止法，那就成就戒律，不会丧失威仪，不会违犯禁止，能积聚各种善法功德。若是阿兰若比丘又能获得观法，就可以观照这苦，并能如实觉知苦的实相。观照苦集，观照苦尽，观照苦出要，并如实地觉知其实相。他这样观照后，想要让漏心获得解脱，想要让有漏心、无明漏心都获得解脱，就获得了解脱之智：生死烦恼已经灭尽，清净梵行已经具足，造作已经断尽见思二惑，再也不会有生死之烦恼，如实地觉知这一切实相。

"过去诸多如来、应供、正遍知都是由这二法而得以成就佛道。所以这样，就犹如菩萨坐在树王之下时，首先要思考这止与观二法。若是菩萨摩诃萨获得止法后，就能降伏魔怨；若是菩萨又获得观法后，很快便成就三达智，成就无上至真、等正觉。因此，诸比丘！阿兰若比丘应当寻求方便之法，修行这二法。正是如此，诸比丘！应当如是修习！"

当时，诸比丘闻听佛所说的话后，都欢喜地奉承持行！

一七一经

我亲自听佛这样说：

那时，佛在舍卫国的祇树给孤独园。

当时，世尊告诉诸比丘说："有二法对于凡夫俗人，可以获得大功德，成就大果报，得到甘露法味，达到无为的涅槃境界。是哪二法呢？就是供养父母，这就是所说的供养父母二人可获得大功德，成就大果报。若是再供养一生补处菩萨，也可以获得大功德，得到大果报。比丘！这就是说，施行这二法可以获得大功德，受大果报，得到甘露法味，达到无为的涅槃境地。因此，诸比丘！应当常常想念着孝顺供养父母。正是如此，诸比丘！应当如是修习！"

当时，诸比丘闻听佛所说的话后，都欢喜地奉承持行！

二三九经

我亲自听佛这样说：

那时，佛在舍卫国的祇树给孤独园。

当时，弥勒菩萨来到如来的处所，头面接足地礼佛后，在一边坐定。当时，弥勒菩萨对世尊说："菩萨摩诃萨成就几法，才修行布施波罗蜜，具足圆满六波罗蜜，迅疾成就无上正真之道呢？"

佛告诉弥勒说："若是菩萨摩诃萨修行四法本，具足圆满六波罗蜜，就会迅疾成就无上正真等正觉。是哪四法本呢？在这里，菩萨布施佛、辟支佛，下及凡人，全都平均布施而不拣择人，恒常地这样想：一切众生都因有食物而得以存活，没有食物就会丧命。这就说菩萨成就这初法，具足圆满六度。

"其次，菩萨若是布施的时候，头颅、眼睛、骨髓、大脑，国家、财富、妻子、儿女，全都欢喜愉快地布施，心中不生执着念想。犹如将要死亡之人在临近命终之时又命还存活，欢喜雀跃，不能自已。当时，菩萨发心喜悦，也是如此，誓愿布施，心中不生执着念想。

"再次，弥勒！菩萨布施的时候，遍及一切，不只为自己成就无上正真之道。这就是所说的菩萨成就的第三法，具足圆满六度。

"再次，弥勒！菩萨摩诃萨布施的时候，产生出这种思考：诸有众生之中，菩萨为最上首，具足圆满六度，了悟诸法本。是什么缘故呢？饮食饱足之后，诸根就能寂静，能思考禁戒，不兴起嗔恚，修行仁慈心，勇猛精进，增益善法，除去不善之法，恒常犹如一心，意念不散乱，具足辩才，法门终究不能逾越次第，使这诸多布施具足六度，成就布施波罗蜜。

"若是菩萨摩诃萨持行这四法，迅疾成就无上正真等正觉。因此，弥勒！若是菩萨摩诃萨要布施的时候，应当发出这种誓愿，具足诸行。正是如此，弥勒！应当如是修习！"

当时，弥勒闻听佛所说的话后，便欢喜地奉承持行！

三〇九经

我亲自听佛这样说：

那时，佛在舍卫国的祇树给孤独园。

当时，世尊告诉诸比丘说："如来出现在世间的时候，一定应做五件事。是哪五件事呢？一是要广转法轮，二是要度脱父母，三是使没有信念之人立于信念之上，四者要让未发菩萨意的人生发菩萨心，五是要给未来佛授予记别。若是如来出现于世间的时候，应当做这五件事。因此，诸比丘！应当生发慈心归于如来。正是如此，比丘！应当如是修习！"

当时，诸比丘闻听佛所说的话后，都欢喜地奉承持行！

三七四经

我亲自听佛这样说：

那时，佛在舍卫国的祇树给孤独园。

当时，世尊告诉诸比丘说："天地出现大震动是有八种因缘。是哪八种因缘呢？比丘应当知道：在这阎浮地，南北有二万一千由旬，东西有七千由旬，地厚有六万八千由旬，水厚有八万四千由旬，火厚有八万四千由旬，火下有风，厚六万八千由旬，风下边有金刚轮，过去诸佛世尊的舍利都在那里。比丘应当知道：或许有这么一个时候，大风动起，火也动起；火已动起，水也就动起；水已动起，地也就动起，这就是所说的第一种因缘使大地震动。

"其次，菩萨从兜术天降神识下来，到母胎中，这时地也出现大震动，这就是所说的第二种因缘使地出现大震动。

"再次，菩萨神识出母胎时，天地出现大震动，这就是所说的第三种因缘使地出现大震动。

"再次，菩萨出家学道，成就无上正真等正觉，这时天地出现大震动，这就是所说的第四种因缘使地出现大震动。

"再次，若是如来进入无余依涅槃境界而取得灭度，这时天地出现大震动，这就是所说的第五种因缘使地出现大震动。

　　"再次，有大神足比丘心得自在无碍，随意顺欲而行，有着无数的变化，或是分身成数百、数千，再又还成为一身，在虚空中飞行，可以穿过石壁，出现湮没自在无碍，观地而没有地的念想，所有一切了然而空无，这时大地出现大震动，这就是第六种因缘使地出现大震动。

　　"再次，诸天具有大神足，神力福德无量，从他们寿命终结到生还至另一世间，是由于宿世的福行，而具足诸德性，舍弃原本的天形，得以成为帝释或是梵天王，这时大地出现大震动，这就是所说的第七种因缘使地出现大震动。

　　"再次，若是众生命数已终福寿已尽，这时诸国王不安于本身已有的邦土，而各自间相互攻伐争夺，或是因饥馑而死，或是因刀刃而死，这时天地出现大震动，这就是所说的第八种因缘使地出现大震动。正是如此，比丘！有八种因缘使天地出现大震动。"

　　当时，诸比丘闻听佛所说的话后，便欢喜地奉承持行！

三九六经

闻如是：

一时，佛在罗阅城①迦兰陀竹园②所，与大比丘③众五百人俱。

尔时，罗阅城中有一比丘，身遇疾病，至为困悴，卧大小便，不能自起止，亦无比丘往瞻视者，昼夜称佛名号④："云何世尊独不见愍？"

是时，如来以天耳闻彼比丘称怨，唤呼投归如来。尔时，世尊告诸比丘："吾与汝等，悉案行诸房，观诸住处。"

诸比丘对曰："如是，世尊！"

是时，世尊与比丘僧前后围绕，诸房间案行。尔时，病比丘遥见世尊来，即欲从座起而不能自转摇。是时，如来到彼比丘所，而告之曰："止！止！比丘！勿自动转。吾自有坐具⑤，足得坐耳！"

是时，毗沙门天王知如来心中所念，从野马⑥世界没，来至佛所，头面礼足，在一面立。是时，释提桓因知如来心中所念，即来至佛所。梵天王亦复知如来心中所念，从梵天没，来至佛所，头面礼足，在一面坐。时，四天王知如来心中所念，来至佛所，头面礼足，在一面立。

是时，佛告病比丘曰："汝今患苦有损不至增乎？"

比丘对曰："弟子患苦遂增不损，极为少赖。"

佛告比丘："瞻病人今为所在？何人来相瞻视？"

比丘白佛言："今遇此病，无人相瞻视也。"

佛告比丘："汝昔日未病之时，颇往问讯病人乎？"

比丘白佛言："不往问讯诸病人。"

佛告比丘："汝今无有善利于正法中，所以然者，皆由不往瞻视病故也。汝今，比丘！勿怀恐惧，当躬供养，令不有乏。如我今日天上、人中独步无侣，亦能瞻视一切病人，无救护者与作救护，盲者与作眼目，救诸疾人。"是时，世尊自除不净，更与敷坐具。

是时，毗沙门天王及释提桓因白佛言："我等自当瞻此病比丘，如来勿复执劳。"

佛告诸天曰："汝等且止，如来自当知时。如我自忆昔日未成佛道，修菩萨行，由一鸽故，自投命根，何况今日已成佛道，当舍此比丘乎？终无此处！又释提桓因先不瞻此病比丘，毗沙门天王护世之主亦不相瞻视。"

是时，释提桓因及毗沙门天王皆默然不对。

尔时，如来手执扫彗除去污泥，更施设坐具，复与浣衣裳，三法⑦视之，扶病比丘令坐，净水沐浴，有诸天在上，以香水灌之。是时，世尊沐浴比丘已，还坐床上，手自授食。

尔时，世尊见比丘食讫，除去钵器⑧，告彼比丘曰："汝今当舍三世之病。所以然者，比丘当知：生有处胎之厄，因生有老。夫为老者，形羸气竭；因老有病。夫为病者，坐卧呻吟，四百四病⑨一时俱臻；因病有死。夫为死者，形神分离，往趣善恶。设罪多者，当入地狱⑩，刀山⑪、剑树，火车⑫、炉炭、吞饮融铜；或为畜生，为人所使，食以刍草，受苦无量；复于不可称计无数劫中，作饿鬼⑬形，身长数十由旬，咽细如针，复以融铜而灌其口，经历无数劫中得作人身，榜笞拷掠，不可称计。复于无数劫中得生天上，亦经恩爱合会，又遇恩爱别离，欲无厌足；得贤圣道，尔乃离苦。

"今有九种之人，离于苦患。云何为九？所谓向阿罗汉、得阿罗汉⑭、向阿那含、得阿那含⑮、向斯陀含、得斯陀含⑯、向须陀洹、得须陀洹⑰、种性⑱人为九。是谓，比丘！如来出现世间，甚为难值，人身难得，生正国中，亦复难遭，与善知识相遇，亦复如是。闻说法言，亦不可遇，法法相生，时时乃有。比丘当知：如来今日现在世间，得闻正法，诸根不缺，堪任闻其正法，今不殷勤，后悔无及。此是我之教诫。"

尔时，彼比丘闻如来教已，熟视尊颜，即于座上得三明⑲，漏尽意解。

注释

①**罗阅城**：Rājagṛha，又作罗阅耆、罗阅祇等，是摩揭陀国王舍城的梵名。

②**迦兰陀竹园**：Karaṇḍa-venūvana，又作迦兰陀竹林、迦蓝陀竹园等，为迦兰陀鸟所栖息的竹林，又是迦兰陀长者所有的竹园。在摩揭陀国王舍城与上茅城之间。原为迦兰陀长者赠与尼犍外道，后又奉献给佛为僧园，为印度僧园之初，就是所谓的竹林精舍。

③**大比丘**：指年岁大而且道德高的比丘。

④**名号**：显体为名，名彰于外而号令于天下为号，名与号一体。通用于诸佛世尊。

⑤**坐具**：又作尼师檀，译为敷具、随坐衣，坐卧时，展敷于地上或卧具上之布，比丘六物之一，长为佛的二搩手，广一搩手半。

⑥**野马**：即为阳焰、幻影、蜃气楼，于沙漠、旷野中出现的一种非实在的自然现象。

⑦**三法**：即教法、行法、证法。教法是释迦牟尼佛一生所说的十二分教；行法是依佛教示而修行四谛十二因缘与六度等；证法是依修行的功夫而证得菩提涅槃之

果。

⑧**钵器**：钵为梵语钵多罗的略语，译之为应器，或应量器。是比丘的饭器，世称作铁钵。

⑨**四百四病**：即因地、水、火、风四大不调，生起一一大种的百病。风增气起，火增热起，水增寒起，土增力盛，本从这四病，而生起四百四病。

⑩**地狱**：为六道中最苦之处，其位置于地下，故名地狱。分为三类：一名根本地狱，有八热及八寒之别，是为十六大地狱；二名近边地狱，即八热四门的十六游增地狱；三名孤独地狱，在山间、旷野、树下、水滨，场所无定，为各人别业所感，因此苦报及寿命，亦各不同。若论受苦，根本最甚，近边次之，孤独又次之。

⑪**刀山**：即刀剑之山，是地狱的危难之处。

⑫**火车**：为载罪人运于地狱的车，车自身生出火焰。

⑬**饿鬼**：为六道之一，时常遭受饥饿的鬼类，其中略有威德的，便成为山林冢庙之神，能得祭品或人间弃食，无威德的，则常不得食，甚至口中因渴出火，故名饿鬼。

⑭**向阿罗汉、得阿罗汉**：即四向四果。阿罗汉，译为杀贼、应供、不生等义，谓永入涅槃，不再受分段生死，此位须断尽三界见惑及欲界九品思惑，并色无色界八地七十二思惑，方证得之，未断尽上界七十二品时为

向，已断尽则为得果。

⑮向阿那含、得阿那含：即三向三果。阿那含，译为不来，谓不再来欲界受生死，此位须断尽三界见惑及欲界九品思惑，方证得之，当断尽七八品时皆为向，已断尽第九品为得果。

⑯向斯陀含、得斯陀含：即二向二果。斯陀含，译为一来，谓其当于欲界的天上人间，各来受生一次，此位除断尽三界见惑外，更须断欲界思惑前六品，方证得之，当断一至五品时皆为向，已断尽第六品为得果。

⑰向须陀洹、得须陀洹：即初向初果。须陀洹，译为入流，即入圣人之流，此位须断尽三界八十八使见惑，方证得之，当未断尽时皆为向，已断尽为得果。

⑱种性：又作种姓地、向种姓者，具有显现佛性种子的人，为证得三乘菩提的本性。四果圣者前修暖、顶、忍、世界第一法，四善根之加行道之行者，名种性人，或种姓地，再上即得初果见道位。

⑲三明：即宿命明、天眼明、漏尽明。宿命明是明白自己或他人一切宿世的事；天眼明是明白自己或他人一切未来世的事；漏尽明是以圣智断尽一切的烦恼。以上三者在阿罗汉叫作三明，在佛叫作三达。

三九六经

我亲自听佛这样说：

那时，佛在王舍城迦兰陀竹园的处所，与五百位比丘众在一起。

当时，在王舍城中有一个比丘，身体遭患疾病，极为困苦憔悴，卧在床上而进行大小便，起身行动不能自己，也没有其他比丘前往看望探视他，白天黑夜地称赞佛的名号，说："为什么独有我不被世尊怜愍呢？"

这时，如来用其天耳听到了那比丘的称怨，唤呼着要投归如来。当时，世尊告诉诸比丘说："我与你们一起，都去巡视各房间，察看各个住处。"

诸比丘回答说："是的，世尊！"

这时，世尊与比丘僧们一起前后转绕，在各房间察视而行。当时，患病比丘远远看见世尊来到，马上就要从座位起身，却不能自己转动身体。这时，如来到那比丘的处所，并告诉他说："不要动！不要动！比丘！不用自己转动身体。我自己有坐具，可以坐了！"

这时，毗沙门天王知道如来心中的所思所想，便从野马世界中隐没，来到佛的处所，头面接足地礼拜世尊后，便在一旁住立。这时，释提桓因知道如来心中的所思所想，马上就来到佛的处所。梵天王也是知道如来心中的所思所想，从梵天隐没，便来到了佛的处所，头面接足地礼拜佛后，便在一旁坐定。当时，四天王知道如来心中的所思所想，便来到佛的处所，头面接足地礼拜佛后，便在一旁住立。

这时，佛告诉患病比丘说："你现在所患的病痛是否有所减轻不再增加了呢？"

比丘回答说："弟子所患的病痛不断增加没有减轻，极少有所暂缓。"

佛告诉比丘说："探视的人如今在哪里？有什么人曾前来探视？"

比丘回答道："如今患得这病苦，不曾有人前来探视。"

佛询问比丘说："你过去没有患病的时候，曾前往问讯过病人吗？"

比丘对佛说："不曾前往问讯其他病人。"

佛告诉比丘说："你如今在正法时期没有种下菩提的利益，所以这样，都是由于不曾前往探视病人的缘故。你现在，比丘！不要心怀恐惧，应当亲身供养，使之不会有所缺乏。犹如我如今在天上、人间独行而无伴侣，还能探视一切病人，没有被救护的对其进行救护，眼盲的人为其造作眼睛，拯救各种病人。"这时，世尊亲自除去不洁净之物，为他放置好坐具。

这时，毗沙门天王及释提桓因对佛说："我们自然应当探视这患病的比丘，如来不必再烦劳了。"

佛对诸天说："你们且停，如来自然应当知晓时宜。譬如我自己忆念起昔日未成佛的时候，修持菩萨行，因一只鸽子的缘故，便自愿舍弃生命，何况如今我已经成就佛道，还能舍弃这比丘吗？终究不能这样做！另外，释提桓因先前不曾探视这患病的比丘，毗沙门天王作为护世之主也不曾前往探视。"

这时，释提桓因及毗沙门天王都默然而不对答。

当时，如来手执着扫帚除去污泥，再放置好坐具，又为那比丘洗涤衣裳，用三法察视他，扶着患病的比丘让他坐起，以净水为他沐浴，又有诸天在空中，以香水灌洒他。这时，世尊为比丘沐浴之后，又返回坐在床上，亲自送上饭来。

当时，世尊见比丘吃完饭，便撤去钵器，告诉那比丘说："你如今要舍弃三世的病苦。所以这样，比丘你应当知道：生有入胎的困厄，因有生就会有老。老，是形态赢弱，气血枯竭；因有老就会有病。病，就是坐卧呻吟，四百四病同时一起到来；因有病就会有死。死，就是形与神的分离，趋往善道或恶道。假如罪孽很多，就应进入地狱，刀山、剑树，火车、炉炭、吞饮铜水；或是变成畜生，被人所驱使，只能吃草，受尽无数的苦；又在不可胜数的无数劫中，做饿鬼，身长数十由旬，咽喉细如针，又用铜水灌入他口中，经历无数劫中得以成为人身，鞭笞拷打，不可胜数。又在无数劫中得以生往天上，还经过恩爱和合，又遭遇恩爱别离，欲念没有厌足；获得贤圣之道，这才脱离困苦。

"如今有九种人，脱离了苦患。是哪九种人呢？就是所谓的向阿罗汉、得阿罗汉、向阿那含、得阿那含、向斯陀含、得斯陀含、向须陀洹、得须陀洹、种性人这九种人。这就是说，比丘！如来出现于世间，是非常难以遇到的，人身是难以得到的，生在正见之国中，又是难以遇到，与善知识相遇，更是如此。闻听演说佛法，也是不可遇的，法法相生，一定时候才会有法。比丘应当知道：如来现在出现在世间，才得以闻听正法，诸根不会有所缺损，能够闻听到正法，如今还不勤加修持，就会后悔不及了。这就是我的教诫。"

当时，那患病的比丘闻听了如来的教诲后，注视着世尊，立即在座位之上获得了三明，诸漏已尽，意念解脱。

四三〇经①

闻如是：

一时，佛在舍卫国祇树给孤独园，与大比丘众五百人俱。

尔时，阿难偏露右肩②，右膝着地，白世尊言："如来玄鉴，无事不察，当来、过去、现在三世皆悉明了，诸过去诸佛姓字、名号，弟子菩萨翼从多少，皆悉知之，一劫、百劫、若无数劫，悉观察知。亦复知国王、大臣、人民姓字，斯能分别。如今现在国界若干，亦复明了。将来久远弥勒出现，至真、等正觉，欲闻其变；弟子翼从，佛境丰乐，为经几时？"

佛告阿难："汝还就座，听我所说，弥勒出现，国土丰乐，弟子多少，善思念之，执在心怀。"是时，阿难从佛受教，即还就座。

尔时，世尊告阿难曰："将来久远于此国界，当有城郭名曰鸡头，东西十二由旬，南北七由旬，土地丰熟，人民炽盛，街巷成行。尔时，城中有龙王名曰水光，夜雨泽香，昼则清和。是时，鸡头城中有罗刹鬼名曰叶华，所行顺法，不违正教，伺人民寝寐之后，除去秽恶诸不净者，又以香汁而洒其地，极为香净。阿难当知：尔时，阎浮地东、西、南、北十万由旬，诸山河石壁皆自消灭，四大海水各据一方。

"时，阎浮地极为平整，如镜清明，举阎浮地内，谷食丰贱，人民炽盛，多诸珍宝，诸村落相近，鸡鸣相接。是时，弊花果树枯竭，秽恶亦自消灭，其余甘美果树，香气殊好者，皆生乎地。尔时，时气和适，四时顺节，人身之中无有百八之患。贪欲、嗔恚、愚痴不大殷勤。人心平均，皆同一意，相见欢悦，善言相向，言辞一类，无有差别。如彼郁单曰③人，而无有异。是时，阎浮地内人民大小皆同一向，无若干之差别也。彼时男女之类意欲大小便，地自然开，事讫之后，地复还合。尔时，阎浮地内自然生粳米，亦无皮裹，极为香美，食无患苦。所谓金银、珍宝④、车渠⑤、玛瑙、真珠、虎珀，各散在地，无人省录。是时，人民手执此宝，自相谓言：'昔者之人由此宝故，各相伤害，系闭牢狱，更无数苦恼，如今此宝与瓦石同流，无人守护。'

"尔时，法王出现，名曰蠰佉⑥，正法治化，七宝成就。所谓七宝者：轮宝、象宝、马宝、珠宝、玉女宝、典兵宝、守藏之宝，是谓七宝。领此阎浮地内，不以刀杖，自然靡伏。如今，阿难！四珍之藏：乾陀越⑦国伊罗钵⑧宝藏，多诸珍琦异物，不可称计；第二弥梯罗⑨国般绸大藏，亦多珍宝；第三须赖吒⑩大国有宝藏，亦多珍宝；第四婆罗捺⑪蠰佉有大藏，多诸珍宝，不可称计。此四大藏自然应现，诸守藏人各来白王：'唯愿大王以此宝藏之物，惠施贫穷！'尔时，蠰佉大王得此宝已，亦复不省录之，意无财物之想。时，阎浮地内自然树上生衣，极细柔软，人取着之，如今郁单曰人自然树上生衣，而无有异。

"尔时，彼王有大臣，名曰修梵摩，是王少小同好，王甚爱敬。又且颜貌端正，不长、不短，不肥、不瘦，不白、不黑，不老、不少。是时，修梵摩有妻，名曰梵摩越，玉女中最极为殊妙，如天帝妃，口作优钵莲花香，身作栴檀香，诸妇人八十四态，永无复有，亦无疾病乱想之念。尔时，弥勒菩萨于兜率天，观察父母不老、不少，便降神下应，从右胁生，如我今日右胁生无异，弥勒菩萨亦复如是。兜率诸天各各唱令：'弥勒菩萨已降神下。'是时，修梵摩即与子立字，名曰弥勒，有三十二相⑫、八十种好⑬，庄严其身，身黄金色。尔时，人寿极长，无有诸患，皆寿八万四千岁，女人年五百岁然后出适。尔时，弥勒在家未经几时，便当出家学道。

"尔时，去鸡头城不远，有道树⑭名曰龙华，高一由旬，广五百步。时，弥勒菩萨坐彼树下，成无上道果；当其夜半，弥勒出家，即其夜成无上道。时，三千大千刹土^⑮，六变震动^⑯，地神各各相告曰：'今弥勒已成佛！'转至闻四天王宫：'弥勒已成佛道！'转转闻彻三十三天、焰天、兜率天、化自在天、他化自在天，声展转乃至梵天：'弥勒已成佛道！'尔时，魔名大将以法治化，闻如来名教音响之声，欢喜踊跃，不能自胜，七日七夜不眠不寐。是时，魔王将欲界无数天人，至弥勒佛所，恭敬礼拜。

"尔时，比丘姓号皆名慈氏弟子，如我今日诸声闻皆称释迦弟子。尔时，弥勒与诸弟子说法：'汝等比丘！当思维无常之想、乐有苦想、计我无我想、实有空想、色变之想、青瘀之想、膖胀之想、食不消想、血想、一切世间不可乐想。所以然者，比丘当知：此十想者，皆是过去释迦文佛与汝等说，今得尽有漏^⑰、心得解脱。

"'若复此众中释迦文佛弟子，过去时修于梵行，来至我所；或于释迦文佛所，奉持其法，来至我所；或复于释迦文佛所，供养三宝^⑱，来至我所；或于释迦文佛所，弹指之顷，修于善本^⑲，来至此间；或于释迦文佛所，行四等心，来至此者；或于释迦文佛所，受持五戒^⑳、三自归^㉑，来至我所；或于释迦文佛所，起神寺庙，来至我所；或于释迦文佛所，补治故寺，来至我所；或于释迦文佛所，受八关斋法^㉒，来至我所；或于释迦文佛所，香花供养，来至此者；或复于彼闻佛法，悲泣堕泪，来至我所；或复于释迦文佛，专意听法，来至我所；复尽形寿㉓善修梵行，来至我所；或复书读讽诵，来至我所者；承事供养，来至我所者。'

"是时，弥勒便说此偈：

增益戒闻德，禅及思维业；
善修于梵行，而来至我所。
劝施发欢心，修行心原本；
意无若干想，皆来至我所。
或发平等心，承事于诸佛；
饭食与圣众，皆来至我所。
或诵戒契经，善习与人说；
炽然于法本，今来至我所。
释种善能化，供养诸舍利；
承事法供养，今来至我所。
若有书写经，颁宣于素上；
其有供养经，皆来至我所。
缯彩及众物，供养于神寺；
自称南无佛㉔，皆来至我所。
供养于现在，诸佛过去者；
禅定正平等，亦无有增减。
是故于佛法，承事于圣众；

专心事三宝，必至无为处。

"阿难当知：弥勒如来在彼众中当说此偈。尔时，众中诸天、人民思维此十想，十一姟㉕人诸尘垢尽，得法眼净。

"弥勒如来千岁之中，众僧无有瑕秽，尔时恒以一偈，以为禁戒：

口意不行恶，身亦无所犯；
当除此三行，速脱生死渊。

"过千岁之后，当有犯戒之人，遂复立戒。

"弥勒如来当寿八万四千岁，般涅槃后，遗法当存八万四千岁。所以然者，尔时众生皆是利根。其有善男子㉖、善女人㉗，欲得见弥勒佛，及三会声闻众，及鸡头城，及见蠰佉王，并四大藏珍宝者，欲食自然粳米，并着自然衣裳，身坏命终生天上者，彼善男子、善女人，当勤加精进，无生懈怠，亦当供养诸法师承事，名华、捣香种种供养无令有失。如是，阿难！当作是学！"

尔时，阿难及诸大会闻佛所说，欢喜奉行！

注释

①本经不仅体现出一定的菩萨思想，还出现了对书写、供养经典（法宝）的提倡。

②**偏露右肩**：披袈裟而偏袒右肩，是比丘表达对尊者恭敬的形象。

③**郁单曰**：又作郁多罗究留（Uttarakuru）、郁单越等。四大洲中的北方大洲之名，又称北俱卢洲，在四大洲中最为妙胜。

④**珍宝**：即金银珠玉之类。

⑤**车渠**：梵语作牟娑洛揭婆或牟娑罗，译为玛瑙，又作车磲。是宝玉之名，为玛瑙色，或是绀色宝、紫色宝，或是青白色。

⑥**蠰佉**：Samkha，又作儴伽、饷伽，译为螺。是转轮法王之名。

⑦**乾陀越**：Gandhāra，又作乾陀罗、乾陀卫、犍陀啰，译为香地、香遍、持地，国名。其国在中印度北、北印度南二界中间。

⑧**伊罗钵**：Elāpattra，译作香叶，为龙王，因毁佛的禁戒，损伤树叶，以此因缘，命终而受龙身。

⑨**弥梯罗**：Mithila，又作弥缇罗、弥萨罗、蜜缔罗，译为量、分侄、金带，国名。

⑩**须赖吒**：Suraṭṭha，国名。

⑪**婆罗捺**：Bārāṇasī，又作婆罗痆斯、波罗奈，译为江绕。

⑫**三十二相**：又名三十二大人相，一足安平，二

足千辐轮，三手指纤长，四手足柔软，五手足缦网，六足跟圆满，七足趺高好，八腨如鹿王，九手长过膝，十马阴藏，十一身纵广，十二毛孔青色，十三身毛上靡，十四身金光，十五常光一丈，十六皮肤细滑，十七七处平满，十八两腋满，十九身如狮子，二十身端正，二十一肩圆满，二十二口四十齿，二十三齿白齐密，二十四四牙白净，二十五颊车如狮子，二十六咽中津液得上味，二十七广长舌，二十八梵音清远，二十九眼色绀青，三十睫如牛王，三十一眉间白毫，三十二顶成肉髻。

⑬八十种好：又名八十随形好，即无见顶相、鼻高不现孔、眉如初月、耳轮垂埵、身坚实如那罗延、骨际如钩锁、身一时回旋如象王、行时足去地四寸而现印文、爪如赤铜色薄而润泽、膝骨坚而圆好、身清洁、身柔软、身不曲、指圆而纤细、指纹藏覆、脉深不现、踝不现、身润泽、身自持不逶迤、身满足、容仪备足、容仪满足、住处安无能动者、威振一切、一切众生见之而乐、面不长大、正容貌而色不挠、面具满足、唇如频婆果之色、言音深远、脐深而圆好、毛右旋、手足满足、手足如意、手纹明直、手纹长、手纹不断、一切恶心之众生见者和悦、面广而殊好、面净满如月、随众生之意和悦与语、自毛孔出香气、自口出无上香、仪容

如狮子、进止如象王、行相如鹅王、头如摩陀那果、一切之声分具足、四牙白利、舌色赤、舌薄、毛红色、毛软净、眼广长、死门之相具、手足赤白如莲花之色、脐不出、腹不现、细腹、身不倾动、身持重、其身大、身长、手足软净滑泽、四边之光长一丈、光照身而行、等视众生、不轻众生、随众生之音声不增不减、说法不着、随众生之语言而说法、发音应众生、次第以因缘说法、一切众生观相不能尽、观不厌足、发长好、发不乱、发旋好、发色如青珠、手足为有德之相。

⑭**道树**：指弥勒成道时之菩提树。又称龙华树、那伽树、龙华菩提树。弥勒菩萨现居于兜率天，于佛陀入灭后五十七亿六千万年，自兜率天下生于人间，于龙华树下成道，为众生三度说法。行说法之会座即称龙华会。

⑮**三千大千刹土**：即三千大千世界。刹，梵语差多罗之讹略，译为土田、刹土，为国土之义。佛教说明宇宙世界的情形：每一小世界，其形式皆同，中央有须弥山，透过大海，矗立在地轮上，地轮之下为金轮，再下为水轮，再下为风轮，风轮之外便是虚空。须弥山上下皆大，中央独小，日月即在山腰，四天王居山腰四面，忉利天在山顶，在忉利天的上空有六欲天，再上则为色界十八天及无色界四天。在须弥山的山根有七重金山，七重香水海，环绕之，每一重海，间一重山，在第七重

金山外有咸海，咸海之外有大铁围山。在咸海四方有四大洲，即东胜身洲、南赡部洲、西牛货洲、北俱卢洲，叫作四天下，每洲旁各有两中洲，数百小洲而为眷属。如是九山、八海、一日月、四洲、六欲天、上覆以初禅三天，为一小世界。集一千小世界，上覆以二禅三天，为一小千世界；集一千小千世界，上覆以三禅三天，为一中千世界；集一千中千世界，上覆以四禅九天及四空天，为一大千世界。因为这中间有三个千的倍数，所以大千世界，又名三千大千世界。

⑯**六变震动**：又作六种震动。大地震动，有三种的六种，即一、为动之六时，即佛入胎、出胎、出家、成道、转法轮、入涅槃。二、为动之六方，即东涌西没、西涌东没、南涌北没、北涌南没、边涌中没、中涌边没。三、为动之六相，即动、涌、震、击、吼、爆。当地震动时，我们如小儿卧摇篮中，不觉篮动，唯觉舒服，故地动是表示祥瑞，而且此六种震动，只有天眼通的人才能知见，凡夫则毫不知情。

⑰**有漏**：指三有漏，即欲有漏、有有漏、无明有漏。

⑱**三宝**：指佛、法、僧三宝。一切佛陀为佛宝；佛陀所说的教法为法宝；随其教法而修业者为僧宝。佛有觉知之义，法有法轨之义，僧有和合之义。

⑲**善本**：同于善根，植善因而不拔之意。善为菩提

之本。

⑳**五戒**：即不杀生、不偷盗、不邪淫、不妄语、不饮酒。不杀生是不杀伤生命；不偷盗是不盗取别人的财物；不邪淫是不做夫妇以外的淫事；不妄语是不说欺诳骗人的话；不饮酒是不吸食含有麻醉人性的酒类及毒品。

㉑**三自归**：又作三归依、三归，即归依佛、归依法、归依僧。归依佛是我依靠佛陀的指示而得入正道；归依法是我依靠教义而求得真理；归依僧是我依靠僧伽的引导而正信佛教。

㉒**八关斋法**：又作八支斋、八分斋戒、八戒，即一不杀生，二不偷盗，三不淫，四不妄语，五不饮酒，六不涂脂粉香水、不穿华丽的衣服、不观玩歌舞妓乐，七不睡卧高大床褥，八不非时食。

㉓**尽形寿**：尽我们这一世的身形和寿命。

㉔**南无佛**：意为归命于佛。南无，译为归命、敬礼、皈依、救我、度我等义，是众生向佛至心皈依信顺的话。

㉕**姟**：数量之名，十千曰万，十万曰亿，十亿曰兆，十兆曰京，十京曰姟。

㉖**善男子**：佛称呼信佛修善的男子为善男子。

㉗**善女人**：佛称呼信佛修善的女人为善女人。

四三〇经

我亲自听佛这样说：

那时，佛在舍卫国的祇树给孤独园，与大比丘五百人在一起。

当时，阿难袒露着右肩，右膝着地，对世尊说："如来深远明鉴，无事不明察，未来、过去、现在三世都了达通明，过去诸佛的姓字、名号，周围有多少弟子菩萨相随，全都知道，一劫、百劫、或无数劫，全都通明详察。还知道国王、大臣、人民的姓名，这些全都能分别。现在国家的疆界有多少，也都明了。当久远的将来弥勒佛出现于世间，至真、等正觉，想要听闻他的变化，周围有多少弟子相随，佛国境土丰乐等，这要经历多长时间呢？"

佛对阿难说："你回到座位之上，听我为你们说说，弥勒出现于世间，国土的丰乐，弟子的多少，好好思考这些，牢记在心中。"这时，阿难随从佛接受教示，就返回落座。

当时，世尊告诉阿难说："在久远的将来于这个国家中，将会有一座城市名叫鸡头，东西有十二由旬，南北有七由旬，土地丰熟，人民繁多，街道排列成行。当时，城中有位龙王名叫水光，夜间降下香泽，白天则和煦清新。这时，鸡头城中有位罗刹鬼名叫叶华，所行的都是顺法，而不与正教相违，在人民都寝卧睡去之后，便除去那些秽恶的各种不清净，又用香水浇洒地面，使国土极为清香洁净。阿难你要知道：当时，阎浮地的东、西、南、北有十万由旬，诸山河石壁都自行消灭，四大海水各据一方。

"当时，阎浮地极其平整，犹如镜面清明，整个阎浮地内，谷物粮食丰腴、便宜，人民极为繁盛，珍宝非常丰富，各村落相互邻近，鸡鸣之声相闻。这时，败坏的花果树木全都枯萎，秽恶的东西也都自行消亡湮灭，剩余的都是甘美的果树，香气非常清新，都生于大地之上。那时，时节气候温和适宜，四时随顺节气，人的身体之中没有一百零八种疾患。贪欲、嗔恚、愚痴不太旺盛。人心平缓匀均，都如同一种心意，相见时欢喜愉悦，相互间都以美善之言相对答，言辞语言都属一类，没有什么差别。犹如那北俱卢洲的人，没有差异。那时，阎浮地内的人民大小都如同一类，没有多少差别。那时的男女之人想要大小便时，大地便会自然开启，事完之后，大地又还原合闭。当时，阎浮地内自然生长着粳米，也没有外皮包裹，极为甘醇香美，吃的时候没有任何忧虑。所谓的金银、珍宝、车渠、玛瑙、珍珠、琥珀七宝，都各自散布在地上，没有人光顾收藏。这时，人民手执这些宝物，相互说道：'昔日之人因为这宝物的缘故，而各自间相互伤害，系缚关入牢狱，还有无数的苦恼，如今这些宝物与瓦石同流，没有人去看护。'

　　"当时，有位法王出现于世间，名叫蠰佉，以正法治理教化世间，以七宝成就世间。所谓的七宝，就是轮宝、象宝、马宝、珠宝、玉女宝、典兵宝、守藏之宝，这就是七宝。统领这阎浮地内，不用刀杖，使阎浮地内自然降伏。如今，阿难！四珍之藏：乾陀越国的伊罗钵宝藏，有多种珍奇异物，不可胜数；第二弥梯罗国的般绸大藏，也有多种珍宝；第三须赖吒大国有宝藏，也有多种珍宝；第四婆罗捺的蠰佉有大藏，有多种珍宝，不可胜数。这四大宝藏自然感应显现，诸守藏的人各自来对大王说：'只希望大王用这些宝藏物品，布施给贫穷者！'那时，蠰佉大王获得这些宝物之后，也没有将宝物收录起来，没有妄图财物的念想。当时，阎浮地内树上自然生长出衣裳，极其精细柔软，人们取来穿在身上，犹如现在北俱卢洲人，树上自然生长出衣裳，没有什么差异。

　　"当时，那位大王有位大臣，名叫修梵摩，是大王少年时的好友，大王非常喜欢他。另外，还容颜相貌端正、不高、不低，不肥、不瘦，不白、不黑，不老、不少。当时，修梵摩有位妻子，名叫梵摩越，是玉女之中最为殊胜美好的，犹如天帝之妃，嘴里发出优钵华莲花香味，身体发出栴檀香味，诸妇人所具有的八十四态，永远不会再有，还没有疾病烦乱的念头。那时，弥勒菩萨在兜率天，观察到父母不老不少，便降神识来应现，从右胁出生，犹如现在的我从右胁出生一样，弥勒菩萨也是如此。兜率诸天各自唱颂道：'弥勒菩萨已经降临来到人间。'这时，修梵摩就为其子起名字，叫作弥勒，具足三十二相、八十种好，身形庄严端正，身体呈金黄色。当时，人们寿数极长，没有各种疾病，都寿命八万四千岁，女人年纪五百岁后才出嫁。当时，弥勒在家中没经多长时间，就要出家学道。

"当时，离鸡头城不远，有棵菩提树，名叫龙华，高达一由旬，广五百步。当时，弥勒菩萨坐在那棵树下，成就了无上道果；正值那天半夜，弥勒出家，就在当夜成就了无上佛果。当时，三千大千国土，出现了六种震动，地神各自相互说：'现在弥勒已经成佛了！'辗转传至四天宫：'弥勒已经成佛了！'辗转传遍整个三十三天、焰天、兜率天、化自在天、他化自在天，声闻辗转以至于到达梵天：'弥勒已经成佛了！'当时，有位魔王名叫大将，以法治理教化，闻听如来响彻的教化声音，欢喜雀跃，不能自已，七日七夜不卧不睡。这时，魔王带领欲界的无数天人，来到弥勒佛的处所，恭敬地礼拜了弥勒佛。

"当时，比丘的姓氏都叫慈氏弟子，犹如现在我的诸声闻弟子都叫作释迦弟子。当时，弥勒对诸弟子说法道：'你们这些比丘！应当思考无常之想、乐有苦想、计我无我想、实有空想、色变之想、青瘀之想、膖胀之想、食不消想、血想、一切世间不可乐想。所以这样，比丘应当知道：这十想，都是过去释迦文佛为你们演说，让你们得以尽除有漏、心获得解脱。

"'若是这众生之中还有释迦文佛弟子，都是在过去修持梵行，而来到我的处所；或者是在释迦文佛处，奉承持行佛法，而来到我的处所；或者是在释迦文佛处，供养过三宝，而来到我的处所；或者是在释迦文佛的处所，弹指之间，修持善根，而来到我的处所；或者是在释迦文佛的处所，行四无量心，而来到这里；或者是在释迦文佛的处所，受持五戒、三归依，而来到我的处所；或者是在释迦文佛处，起造神寺庙宇，而来到我的处所；或者是在释迦文佛处，修补整缮旧寺，而来到我的处所；或者是在释迦文佛处，受持八关斋法，而来到我的处所；或者是在释迦文佛处，以香和花作为供养，而来到这里；或者是在释迦文佛处，闻听佛法，悲泣落泪，而来到我的处所；或者是在释迦文佛处，专注一心地闻法，而来到我的处所；或者是尽形寿地善修梵行，而来到我的处所；或者是书读讽诵佛经，而来到我的处所；或者是承事供养佛经，而来到我的处所。'

"这时，弥勒便说这样一首偈颂：

积集了持戒、闻法的功德者，

修习思维和禅定的正业；

善于修持梵行，

而来到我的处所。

发欢喜心，劝人布施者，

明白心是修行的根本；

意念没有邪思，

而来我的处所。

或能发平等心者，

奉承亲侍于诸佛；

以饮食供养圣贤众，

而来我的处所。

或诵戒持经者，

欢喜与人演说教法；

对于法的探求如火的炽然，

而来我的处所。

善于化导众人者，

并供养诸佛的舍利；

能以法音宣流供养大众，

而来我的处所。

如果书写经典，

广为流传；

如此供养经典，

都来我的处所。

以种种庄严彩布者，

供养寺院殿堂；

能称念南无佛，

都来我的处所。

供养过去、现在诸佛者，

于禅定中心念平等，

对于外境不起增减好坏的念头。

因此于佛法，

能亲承供养圣众；

专心事奉佛、法、僧，

必定能得到寂灭。

"阿难应当知道：弥勒如来在那众生中正演说这首偈。当时，大众之中诸天、人民思考这十想，十一姟的人都诸尘垢尽皆除去，获得法眼清净。

"弥勒如来出世的千年之中，众僧没有微瑕秽垢。当时恒久地以一首偈，作为禁戒：

口、意都不行恶业，
身也不犯恶业；
应当除灭这三种行业，
迅速离脱生死之深渊。

"经过千年之后，将有犯戒之人，于是才设立戒律。

"弥勒如来应当寿长八万四千岁，涅槃之后，遗存的佛法将存世八万四千年。所以这样，因为当时的众生都是利根之人。那里有善男子、善女人，想要见见弥勒佛、三会的声闻们、鸡头城，及见蠰佉王和四大藏珍宝，想要吃自然生长的粳米，并穿着自然长出的衣裳，身形坏灭命运终结生往天上，那些善男子、善女人，应当勤加精进，不要心生懈怠，还应供养承事诸法师，以种种名花、捣香进行供养，不要有所忘失。正是如此，阿难！应当如是修习！"

当时，阿难及与会众生闻听佛所说的话后，都欢喜地奉承持行！

8　空义的宣扬

空义的发扬[①]

九九经

闻如是：

一时，佛在罗阅城耆阇崛山[②]中，与大比丘五百人俱。

尔时，尊者须菩提[③]亦在王舍城耆阇崛山侧，别作屋庐而自禅思[④]。尔时，尊者须菩提身得苦患，甚为沉重。便作是念：我此苦痛为从何生？复从何灭？为至何所？尔时，尊者须菩提便于露地而敷坐具，直身正意，专精一心，结跏趺坐⑤，思维诸入⑥，欲害苦痛。

尔时，释提桓因知尊者须菩提所念，便以偈敕波遮旬⑦曰：

> 善业⑧脱诸缚，居在灵鹫山；
> 今得极重患，乐空诸根定。
> 速来往问疾，觐省尊上颜；
> 既得获大福，种德莫过是。

时，波遮旬对曰："如是，尊者！"

尔时，释提桓因将五百天人及波遮旬，譬如士夫屈伸臂顷，便从三十三天没，来至灵鹫山中，离尊者须菩提不远，复以此偈语波遮旬曰：

> 汝今觉善业，乐禅三昧定；
> 柔和清净音，令使从禅起。

波遮旬对曰："如是。"

尔时，波遮旬从释提桓因闻语已，便调琉璃⑨之琴，前至须菩提所，便以此偈叹须菩提曰：

> 结尽永无余，诸念不错乱；
> 诸尘垢悉尽，愿速从禅觉。
> 心息渡有河，降魔度诸结；
> 功德如大海，愿速从定起。

眼净如莲花⑩，诸秽永不着；

无归与作归，空定速时起。

渡四流⑪无为，善解无老病；

以脱有为⑫灾，唯尊时定觉。

五百天在上，释主⑬躬自来；

欲觐圣尊颜，解空⑭速时起。

尔时，尊者须菩提即从座起，复叹波遮旬曰："善哉！波遮旬！汝今音与琴合，琴与音合，而无有异。然琴音不离歌音，歌音不离琴音，二声共合，乃成妙声。"

尔时，释提桓因便往至尊者须菩提所，头面礼足在一面坐。尔时，释提桓因白须菩提言："云何善业所抱患苦有增损乎？今此身病为从何生？身生耶？意生乎？"

尔时，尊者须菩提语释提桓因言："善哉！拘翼⑮！法法自生，法法自灭；法法相动，法法自息。犹如，拘翼！有毒药，复有害毒药。天帝释！此亦如是，法法相乱，法法自息。法能生法，黑法⑯用白法⑰治，白法用黑法治。天帝释！贪欲病者用不净治，嗔恚病者用慈心治，愚痴病者用智慧治。如是，释提桓因！一切所有皆归于空，无我、无人、无寿、无命，无士、无夫，无形、无像，无男、无女。犹如，释提桓因！风坏大树，枝叶凋落；雷雹坏苗，华果初茂，无水自萎；天降时雨，生苗得存。如是，天帝释！法法相乱，法法自定。我本所患疼痛苦恼，今日已除，无复患苦。"

是时，释提桓因白须菩提言："我亦有愁忧苦恼，今闻此法无复有愁忧。众事猥多，欲还天上。己亦有事及诸天事，皆悉猥多。"

时，须菩提言："今正是时，宜可时去。"

是时，释提桓因即从座起，前礼须菩提足，绕^⑱三匝而去。

是时，尊者须菩提便说此偈：

能仁说此语，根本悉具足；

智者获安稳，闻法息诸病。

尔时，释提桓因闻尊者须菩提所说，欢喜奉行！

注释

①空义的发扬也是大众部所本《增一阿含经》的主要特点，这里择选了《利养品》九九经、《听法品》三二二经、《六重品》三二九经、三三二经、《力品》三四一经。

②耆阇崛山：Gijjakūṭa-pabbata，又作伊沙堀、揭驮梨罗鸠胝、耆阇崛多，译为鹫头、鹫峰、灵鹫，山顶似鹫，又山中鹫多，故名。在中印度摩揭陀国王舍城的东

北，释尊说法之地。

③**须菩提**：Subhūti，又作须浮帝、须扶提等，译言善现、善吉、善业，又称空生。释尊十大弟子中解空第一，佛使此人说般若之空义。

④**禅思**：禅为梵语禅那之略，寂静之义，思维寂静谓之禅思，即禅定。

⑤**结跏趺坐**：佛陀的坐法。结跏趺于左右胜上而坐。趺是足背，交结左右足背而置于左右胜上谓之全跏坐，即结跏趺坐。置左右之一足于左右之一胜，谓之半跏坐。全跏坐有吉祥、降魔二种，先以右足押左股，次以左足押右股，手亦上左，谓之降魔坐，反之谓吉祥坐。释尊在菩提树下成正觉时之身为吉祥坐，而手作降魔印。

⑥**诸入**：即六入，眼、耳、鼻、舌、身、意六根。

⑦**波遮旬**：Pañcasikha，又作般遮翼，译为五髻、五结乐子，为执乐神之名，当为帝释演奏伎乐。

⑧**善业**：须菩提之意译。

⑨**琉璃**：又作吠琉璃、吠琉璃耶、毗头梨等，七宝之一，译为远山宝、不远山宝等。是青色的宝石，以就产出的山名命名之。远山为须弥山的异名。不远山，是离波罗奈城不远的山。

⑩**莲花**：天竺有四种莲花。一优钵罗花，二拘物头花，三波头摩花，四芬陀利花。按其次序分别为青、黄、

赤、白四色。再加上泥卢钵罗共为五种，总译为莲花。但通常称为莲花的是指芬陀利的白莲花。此花有三时，未敷之时名为屈摩罗，敷而将落之时名为迦摩罗，处中盛时称为芬陀利。此处说佛眼清净犹如莲花，是指青色莲花。

⑪**四流**：又作四瀑流，即漂流善品的四种烦恼：（一）欲瀑流，即欲界的一切诸惑，但除见及无明。（二）有瀑流，即上二界的一切诸惑，但除见及无明。有是生死果报不亡之义，三界虽通，而今别以名上二界。（三）见瀑流，即三界的见惑。（四）无明瀑流，即三界的无明。有情众生为此四法漂流不息，故名。若是一切众生没在此四流中，终不得道。

⑫**有为**：为是造作之义，有造作谓之有为。即因缘所生之事物，尽是有为。

⑬**释主**：即释提桓因，为三十三天之主。

⑭**解空**：指须菩提尊者，为"解空第一"比丘。

⑮**拘翼**：Kosika，即帝释。

⑯**黑法**：即恶法。

⑰**白法**：即善法。

⑱**绕**：即围绕。绕右旋而敬礼，即右绕三匝。法会的行道仪式就是这样。

九九经

我亲自听佛这样说：

那时，佛在王舍城的耆阇崛山中，与五百位大比丘在一起。

当时，须菩提尊者也在王舍城的耆阇崛山的一侧，另外建造房庐而自修禅定。当时，须菩提尊者身患痛苦的疾病，非常沉重。他就产生了这种念头：我的这种痛苦是从何而来呢？又会从何而消失呢？会到何处去呢？当时，须菩提尊者就在露天地上放置好坐具，安身稳坐端正心意，专注于一心，结跏趺坐，思考着六入，要拔除痛苦。

当时，释提桓因知道须菩提尊者的所思所想，便用偈颂告敕波遮旬道：

> 须菩提已离脱了众多束缚，
> 居住在灵鹫山上；
> 如今患了极重的疾病，
> 他观察着空相而六根入定。
> 我们赶紧前往问候，
> 去探视这位尊者；

既要获得极大的福报，

植种福德没有超过于此的。

当时，波遮旬回答说：“是的，尊者！”

当时，释提桓因带领五百位天人及波遮旬，犹如士夫的伸屈手臂之间，就从三十三天隐没，来到灵鹫山中，在离须菩提不远处，又用这样一首偈对波遮旬说：

如今须菩提已进入了美妙的三昧禅定，

你以那柔和清净的声音请尊者出定。

波遮旬回答道：“是的。”

当时，波遮旬听从释提桓因的话后，就调拨起琉璃装饰的宝琴，来到须菩提处所，用这样一首偈赞叹须菩提：

烦恼尽除而永无残余，

诸般心念没有错乱；

众多的尘垢都已除灭，

希望快从禅定中觉醒。

内心静息以渡过烦恼之河，

降伏魔障而度脱诸多忧苦；

功德犹如无际的大海，

希望快从禅定中出定。

慧眼清净犹如莲花，

各种污秽永不沾着；

没有皈依的使其皈依，

请求您快快从空定中起来。

渡过四流水到达无为境界，

善于解脱而身无老病之苦；

为解脱那由因缘造作的灾苦，

只希望尊者及时从定中觉醒。

五百位诸天居住天上，

与释主一起亲身前来；

想觐见贤圣的尊颜，

解空的须菩提请速速出定。

当时，须菩提尊者就从座位起身，还赞叹波遮旬说："好哇！波遮旬！你如今的语音与琴声相合，琴声与语音相符，而毫无差异。然而琴声不离歌音，歌音不离琴声，二声交合，乃形成美妙之音。"

当时，释提桓因便来到须菩提尊者的处所，头面接足地礼拜尊者后，在一旁坐定。当时，释提桓因对须菩提说："善业所患的病苦有增加或减轻吗？现在这身上的病苦是从何而生呢？是由身而产生呢？还是由意念而产生呢？"

当时，须菩提尊者告诉释提桓因说："好哇！拘翼！法法自生，法法自灭，法法相动，法法自息。拘翼！犹如有毒药，就还有解毒之药。天帝释！这也是如此，法法相乱，法法自息。法能生法，黑法用白法治，白法用黑法治。天帝释！患贪欲之病者应用不净观去治疗，患嗔恚之病者应用仁慈心去治疗，患愚痴之病者应用智慧去治疗。正是如此，释提桓因！如此的一切所有都归于空，无我、无人、无寿、无命，无士、无夫，无形、无像，无男、无女。释提桓因！这犹如狂风吹坏了大树，枝叶凋落；犹如雷击毁禾苗，刚刚茂盛的花果因无水而自萎谢；天空及时降下雨水，便使苗果得以生存。天帝释！正是如此，法法相乱，法法自定。我原本所患的病痛苦恼，今日已皆尽除，不会再患了。"

这时，释提桓因对须菩提说："我也有忧愁苦恼，如今听闻这法就不会再有忧愁了。繁杂之事还很多，现要返回天上。自身之事以及诸天之事，全都是琐碎而繁多。"

当时，须菩提说："现在正是时候，可及时回去。"

这时，释提桓因就从座位起身，向前拜在须菩提的脚前，围绕须菩提三匝，尔后离去。

这时，须菩提尊者便说出这样一首偈：

能仁世尊所说的这些话，

具足了法义的所有根本；

有智者获悉能心得安稳，

听闻此法便可平息众病。

当时，释提桓因闻听须菩提尊者所说的话后，便欢喜地奉承持行！

原典

三二二经^①

闻如是：

一时，佛在舍卫国祇树给孤独园，尔时世尊与大比丘众五百人俱。

尔时，世尊渐与彼诸天之众说于妙论，所谓论者：施论^②、戒论^③、生天之论^④，欲不净想，淫为秽恶，出要为乐。尔时，世尊以见诸来大众及诸天人心开意解，诸佛世尊常所说法：苦、集、尽、道，普与诸天说之，各于座上，诸尘垢尽，得法眼净。复有十八亿天女之众而见道迹，三万六千天众得法眼净。是时，如来母即从座起，礼如来足，还入宫中。

尔时，释提桓因白佛言："我今当以何食饭如来乎？为用人间之食，为用自然天食？"

世尊告曰："可用人间之食用食如来。所以然者，我身生于人间，长于人间，于人间得佛。"

释提桓因白佛言："如是，世尊！"是时，释提桓因复白佛言："为用天上时节，为用人间时节？"

世尊告曰："用人间时节。"

对曰："如是，世尊！"

是时，释提桓因即以人间之食，复以人间时节饭食如来。

尔时，三十三天各各自相谓言："我等今见如来竟日饭食。"

是时，世尊便作是念：我今当入如是三昧，欲使诸天进便进，欲使诸天退便退。是时，世尊以入此三昧，进却诸天，随其时宜。

是时，人间四部之众不见如来久，往至阿难所，白阿难言："如来今为所在？渴仰欲见。"

阿难报曰："我等亦复不知如来所在！"

是时，波斯匿王⑤、优填王⑥至阿难所，问阿难曰："如来今日竟为所在？"

阿难报曰："大王！我亦不知如来所在！"

是时，二王思睹如来，遂得苦患。尔时，群臣至优填王所，白优填王曰："今为所患？"

时，王报曰："我今以愁忧成患。"

群臣白王："云何以愁忧成患？"

其王报曰："由不见如来故也。设我不见如来者，便当命终。"

是时，群臣便作是念：当以何方便，使优填王不令命终？我等宜作如来形像。是时，群臣白王言："我等欲作形像，亦可恭敬承事作礼。"

时，王闻此语已，欢喜踊跃，不能自胜，告群臣曰："善哉！卿等所说至妙。"

群臣白王："当以何宝作如来形像？"

是时，王即敕国界之内诸奇巧师匠，而告之曰："我今欲作形像。"

巧匠对曰："如是，大王！"

是时，优填王即以牛头栴檀⑦作如来形像高五尺。

是时，波斯匿王闻优填王作如来形像高五尺而供养。是时，波斯匿王复召国中巧匠，而告之曰："我今欲造如来形像，汝等当时办之。"时，波斯匿王而生此念：当用何宝，作如来形像耶？斯须复作是念：如来形体，黄如天金，今当以金作如来形像。是时，波斯匿王纯以紫磨金⑧作如来像高五尺。尔时，阎浮里内始有此二如来形像。

尔时，世尊与数千万众前后围绕，而为说法，说："五盛阴苦。云何为五？所谓色、痛、想、行、识。云何为色阴？所谓此四大身，是四大所造色，是谓名为色阴⑨也。

"彼云何名为痛阴？所谓苦痛、乐痛、不苦不乐痛，是谓名为痛阴⑩。

"彼云何名想阴？所谓三世共会，是谓名为想阴⑪。

"彼云何名为行阴？所谓身行、口行、意行，此名行阴⑫。

"彼云何名为识阴？所谓眼、耳、鼻、口、身、意识，此名识阴⑬。

"彼云何名为色？所谓色者，寒亦是色，热亦是色，饥亦是色，渴亦是色。

"云何名为痛？所谓痛者，痛者名觉。为觉何物？觉苦、觉乐、觉不苦不乐，故名为觉也。

"云何名为想？所谓想者，想亦是知。知青、黄、白、黑，知苦乐，故名为知。

"云何名为行？所谓行者，能有所成，故名为行。为成何等？或成恶行，或成善行，故名为行。

"云何名为识？所谓识者，识别是非，亦识诸味，此名为识也。

"诸天子当知：此五盛阴，知三恶道、天道⑭、人道⑮；此五盛阴灭，便知有涅槃之道。"尔时，说此法时，有六万天人得法眼净。

尔时，世尊与诸天人说法已，即从座起，诣须弥山顶，说此偈：

> 汝等当勤学，于佛法圣众；
> 当灭死径路，如人钩调象。
> 若能于此法，而无懈怠者；
> 便当尽生死，无有苦原本。

尔时，世尊说此偈已，便诣中道。是时，梵天在如来右处银道侧，释提桓因在水精道侧，及诸天人在虚空中散华烧香，作倡伎乐，娱乐如来。

是时，优钵华色⑯比丘尼⑰闻如来今日当至阎浮提僧迦尸池水侧，闻已，便生此念：四部之众、国王、大臣、国中人民，靡不往者。设我当以常法往者，此非其宜。我今当作转轮圣王形容，往见世尊。是时，优钵华色比丘尼还隐其形，作转轮圣王形，七宝具足。所谓七宝者，轮宝、象宝、马宝、珠宝、玉女宝、典兵宝、典藏宝，是谓七宝。

注释

①本经不仅记述了须菩提以观空见佛，而且还叙说了我生于人间，长于人间，于人间得佛。同时也叙说了造立佛像之始。

②**施论**：叙说有关布施的功德与方法。

③**戒论**：叙说持戒的功德及行法。

④**生天之论**：叙说如何行持，可得生天的果报。佛陀对未曾闻佛法者，常先说通俗的因果法等，见机缘成熟，再增上说出世间的四圣法门。

⑤**波斯匿王**：Pasenadi，译为和悦、月光、胜光、胜军，憍萨罗国王，与佛同日生。因夫人末利 Mālikā 之劝而皈依佛。

⑥**优填王**：Udena，译为日子，拘睒弥国王。

⑦**牛头栴檀**：又称赤栴檀。栴檀为香树名，出自牛头山，故名牛头栴檀。若是以此涂身，即使进入火坑，火也不能烧身。

⑧**紫磨金**：又作紫磨黄金，即紫色无垢浊的上品金。

⑨**色阴**：五阴之一。阴是障蔽之意。色就是一般所说的物质，变碍为义，是地、水、风、火四大种所造。

⑩**痛阴**：即受阴，五阴之一。痛是感受，领纳为义，其中包括苦、乐、舍（即不苦不乐）三受。

⑪**想阴**：五阴之一。想就是想象，于善恶憎爱等境界中，取种种相，作种种想。

⑫**行阴**：五阴之一。行就是行为或造作，由意念而行动去造作种种的善恶业。

⑬**识阴**：五阴之一。识就是了别之意，由识去辨别

所缘所对的境界。

⑭**天道**：又名天趣，为六道之一。天是指欲界、色界、无色界等诸天，因其依处在诸趣之上，故名为天，身有光明，故名为天，果报最胜，故名为天。

⑮**人道**：六道之一。指人的道途，也就是人间的意思。

⑯**优钵华色**：Uppalavaṇṇā，译为莲花色、莲花鲜。

⑰**比丘尼**：译为乞士女。舍俗出家之女众，年满二十，受具足戒者之称。

译文

三二二经

我亲自听佛这样说：

那时，佛在舍卫国的祇树给孤独园，当时世尊与大比丘们五百人在一起。

当时，世尊逐渐对那些诸天众演说了善妙之论，所谓的善妙之论，就是施论、戒论、生天之论，爱欲是不净之想，淫为秽恶之事，以出离烦恼为快乐。当时，世尊因看到前来的诸大众及诸天人都心开意解，诸佛世尊常常所说之法，如苦、集、尽、道，都为诸天演说，诸天众各自在座位之上，诸尘垢尽除，获得法眼清净。还有十八亿天女得以见到道迹，三万六千天众获得法眼清净。这时，如来的母亲就从座位起身，头面接足地礼拜如来之后，返回宫中。

当时，释提桓因对佛说："我现在应用什么样的饭来请如来吃呢？是用人间之饭，还是用自然天食呢？"

世尊告诉他说："可以用人间的饭来给如来吃。所以这样，是因为我生于人间，长于人间，并在人间成就佛道。"

释提桓因对佛说："是的，世尊！"这时，释提桓因又对佛说："是用天上的时节，还是用人间时节呢？"

世尊告诉他说："用人间的时节！"

释提桓因答道："是的，世尊！"

这时，释提桓因就以人间的饭食，在人间的吃饭时间请如来吃。

当时，三十三天各自相互说道："我们如今看见如来竟然每天都吃饭。"

这时，世尊就产生了这种念头：我现在要进入这样的三昧禅定，就是想使诸天前进诸天就前进，想使诸天退却诸天就退却。这时，世尊就进入这三昧禅定，随其时宜，使诸天前进或退却。

这时，人间的四部众生很久不见如来，便前往阿难的处所，对阿难说："如来现在在什么地方？我们渴望仰见如来。"

阿难答道："我们也不知如来在什么地方！"

这时，波斯匿王、优填王来到阿难的处所，问阿难："如来现在究竟在什么地方？"

阿难答道："大王！我也不知道如来在什么地方！"

这时，二位大王思念着见到如来，遂心患忧思之苦。当时，群臣来到优填王的处所，对优填王说："如今为什么忧虑呢？"

当时，大王答道："我如今因忧愁而成疾患了。"

群臣对大王说："为什么因忧愁而成疾患呢？"

大王答道："是因为见不到如来的缘故。假使我见不到如来，就会寿命终结的。"

这时，群臣就产生了这样的念头：应当以什么样的方便之法，使优填王不致寿命终结呢？我们应当制造如来的形象。这时，群臣对大王说："我们想要制造如来的形象，也可以恭敬地敬事礼拜佛像。"

当时，大王闻听这话后，不禁欢喜雀跃，不能自已，便告诉群臣说："好哇！你们所说的甚好。"

群臣对大王说："应当用什么宝物制造如来的形象呢？"

这时，大王敕令国内各能工巧匠，并告诉他们："我如今想要制造如来形象。"

巧匠们答道："是的，大王！"

这时，优填王就用牛头栴檀制造了高五尺的如来形象。

这时，波斯匿王闻听优填王制造五尺高的如来形象进行供养。这时，波斯匿王也召集国中巧匠，告诉他们说："我现在要制造如来的形象，你们应当及时办理。"当时，波斯匿王就产生了这种念头：应当用什么宝物制造如来形象呢？马上又产生这种念头：如来的形体，黄如天金之色，如今应采用黄金来制造如来的形象。这时，波斯匿王便用紫磨纯金制造了五尺高的如来形象。当时，阎浮里内便开始有了这两尊如来的形象。

当时，世尊对前后围绕的数千万众说法道："五盛阴苦。是哪五盛阴苦呢？就是所谓的色、受、想、行、识。什么是色阴呢？就是所谓的这四大之身，为四大所造作之色，这就叫作色阴。

"那什么叫作受阴呢？就是所谓的苦受、乐受、不苦不乐受，这就叫作受阴。

"那什么叫作想阴？就是所谓的三世共会，这就叫作想阴。

"那什么叫作行阴呢？就是所谓的身行、口行、意行，这叫作行阴。

"那什么叫作识阴呢？就是所谓的眼、耳、鼻、舌、身、意识，这叫作识阴。

"那什么叫作色呢？所谓的色，就是寒也是色，热也是色，饥也是色，渴也是色。

"什么叫作受呢？所谓的受，受叫作觉。是觉什么呢？觉苦、觉乐、觉不苦不乐，所以叫作觉。

"什么叫作想呢？所谓的想，想也就是知。就是知青、黄、白、黑，就是知苦乐，因此名叫知。

"什么叫作行呢？所谓的行，是因为能够有所成就，因此叫作行。要成就什么呢？或成就恶行，或成就善行，因此叫作行。

"什么叫作识呢？所谓的识，就是能识别是非，也能识辨诸味，这就叫作识。

"诸天子应当知道：这五盛阴，能知三恶道及天道、人道；这五盛阴尽灭，就会知道有涅槃之道了。"当时，演说此法之时，有六万天人获得法眼清净。

当时，世尊对诸天人说法之后，就从座位起身，来到须弥山顶，说出这样一首偈：

　　你们这些佛门圣徒，

　　对于佛法应勤加修习；

　　犹如有人以钩调象一般，

应努力去断灭生死之路。

如果能对此法永无懈怠地修习，

就会灭尽生死轮回，

永远断除痛苦之根源。

当时，世尊说过这首偈之后，便来到道路中央。这时，梵天在如来右侧以银铺成的道上跟随，释提桓因在水晶铺成的道上跟随，诸天人在虚空中散花烧香，演奏音乐，供养如来。

这时，优钵华色比丘尼闻听如来今日要到阎浮提僧迦尸水池旁边，听说之后，就产生了这种想法：四部众生、国王、大臣、国中人民，没有不前往的。假如我要以平常的方法前往，这就不太适宜。我如今应变化成转轮圣王的形象，前往觐见世尊。这时，优钵华色比丘尼隐没其形象，变化成转轮圣王的形象，具足七种宝物。所谓的七宝，就是轮宝、象宝、马宝、珠宝、玉女宝、典兵宝、典藏宝，这就叫作七宝。

原典

尔时，尊者须菩提在罗阅城耆阇崛山中，在一山侧缝衣裳。是时，须菩提闻世尊今日当来至阎浮里地，四部之众靡不见者，我今者宜可时往问讯礼拜如来。尔时，尊者须菩提便舍缝衣之业，从座起，右脚着地。是时，彼复作是念：此如来形，何者是世尊，为是眼、耳、鼻、口、身、意乎？往见者复是地、水、火、风种乎？一切诸法皆悉空寂①，无造、无作。如世尊所说偈言：

> 若欲礼佛者，及诸最胜者；
> 阴持入②诸种，皆悉观无常③。
> 曩昔过去佛，及以当来者；
> 如今现在佛，此皆悉无常。
> 若欲礼佛者，过去及当来；
> 说于现在中，当观于空法④。
> 若欲礼佛者，过去及当来；
> 现在及诸佛，当计于无我⑤。

此中无我、无命、无人、无造作，亦无形容有教、有授者，诸法皆悉空寂。何者是我？我者无主。我今归命⑥真法之聚⑦。尔时，尊者须菩提还坐缝衣。

是时，优钵华色比丘尼作转轮圣王形，七宝导从至世尊所。是时，五国王遥见转轮圣王来，欢喜踊跃，不能自胜，自相谓言："甚奇！甚特！世间出二珍宝：如来、转轮圣王。"

尔时，世尊将数万天人从须弥山顶来，至池水侧。是时，世尊举足蹈地，此三千大千世界六变震动。是时，化转轮圣王渐渐至世尊所，诸小国王及人民之类各各避之。是时，化圣王觉知以近世尊，还复本形，作比丘尼礼世尊足。五王见已，各自称怨，自相谓言："我等今日极有所失，我等先应见如来，然今此比丘尼先见之。"

是时，比丘尼至世尊所，头面礼足，而白佛言："我今礼最胜尊，今日先得觐省，我优钵华色比丘尼是如来弟子。"

尔时，世尊与彼比丘尼而说偈言：

善业以先礼，最初无过者；
空无⑧解脱门⑨，此是礼佛义。
若欲礼佛者，当来及过去；
当观空无法，此名礼佛义。

是时，五王及人民之众不可称计，往至世尊所，各自称名⑩："我是迦尸国王波斯匿。""我是拔嗟⑪国王，名曰优填。""我是五都人民之主，名曰恶生⑫。""我是南海之主，名优陀延⑬。""我是摩揭国频毗娑罗⑭王。"尔时，十一那术⑮人民云集，及四部之众最尊长者，千二百五十人往至世尊所，头面礼足，在一面立。

尔时，优填王手执牛头栴檀像，并以偈向如来说：

我今欲所问，慈悲护一切；
作佛形像者，为得何等福？

尔时，世尊复以偈报曰：

> 大王今听之，少多演其义；
> 作佛形像者，今当粗说之。
> 眼根初不坏，后得天眼视；
> 白黑而分明，作佛形像德。
> 形体当完具，意正不迷惑；
> 势力倍常人，造佛形像者。
> 终不堕恶趣，终辄生天上；
> 于彼作天王，造佛形像福。
> 余福不可计，其福不思议；
> 名闻遍四远，造佛形像福。

"善哉！善哉！大王！多所饶益，天、人蒙祐。"

尔时，优填王极怀欢悦，不能自胜。

注释

①**空寂**：无诸相为空，无起灭为寂。

②**阴持入**：指五阴、十八持、十二入，合称三科。五阴，又作五蕴，即色、受、想、行、识。十八持，又作十八界，即眼界、色界、眼识界、耳界、声界、耳识界、鼻界、香界、鼻识界、舌界、味界、舌识界、身界、触界、身识界、意界、法界、意识界，亦即六根缘

虑六境而生六识，总为十八界。十二入，又作十二处，即眼、耳、鼻、舌、身、意、色、声、香、味、触、法。

③无常：梵语作阿俪怛也，世间一切有为之法，生灭迁流、刹那不住。无常有二种，即刹那无常与相续无常。

④空法：即观我空、法空、有为空、无为空等空理之法。

⑤无我：即无有实我之意。

⑥归命：梵语南无，译为归命，即把身命奉献给佛教。

⑦真法之聚：指佛之法身。

⑧空无：谓一切事物都没有自性。

⑨解脱门：是指空、无相、无愿的三种禅定，因此三种禅定乃是通入涅槃的门户，故名。

⑩称名：称念佛的名号。

⑪拔嗟：拔耆之讹。拔耆（Vajji），又作跋只（Bhagga），译为增胜、避。国名，佛世印度十六大国之一。位于中印度北部，系由八个种族组成的联邦共和国，以吠舍离为都城。

⑫恶生：又作琉璃 Vidūḍabha、鞞留罗、毗琉璃，译为恶生王，为波斯匿王与末利夫人所生之子，后篡位、杀兄，并歼灭迦毗罗卫释迦族。其出生之时与琉璃宝一

起出生，故号毗琉璃，又由于大夫人之谶而名为恶生王。后皈依佛。

⑬**优陀延**：Udayana，又作邬陀延、邬陀衍，译为出，日出之义。

⑭**频毗娑罗**：Bimbisāra，又作毗沙、瓶沙，译为光泽第一，摩揭陀国王，阿阇世（Ajātasatru）之父。

⑮**那术**：即那由他，译为兆或沟，印度数量之名。

译文

当时，须菩提尊者在罗阅城的耆阇崛山中，在山的一旁缝织衣裳。这时，须菩提闻听世尊今日要到阎浮里地来，四部众生没有不去觐见的，我如今也应及时前往问讯礼拜如来。当时，须菩提尊者就舍弃缝织衣裳，从座位起身，右脚着地。这时，他又产生这样一种想法：这只是如来的形象，那什么是世尊，就是眼、耳、鼻、口、身、意吗？前往觐见的不还是地、水、火、风四大吗？一切诸法全都是空寂，没有造作。正如世尊说的偈语：

> 如果要观礼佛陀及最胜尊之人，
> 依阴、持、入各种教义，
> 这都是在观看无常。

往昔的过去佛以及未来之佛，

还有如今的现在佛，

这些都是无常。

若是要礼拜佛陀，

无论是过去佛还是未来佛，

以及所说的现在佛，

就应在空法之中观礼。

若是要礼拜佛陀，

无论是过去佛还是未来佛，

以及现在佛或所有的一切诸佛，

就应当在无我之中礼拜。

这里无我、无命、无人、无造作，也无形象的教授者，一切诸法都是空寂。什么是我？我就是无主。我现在归命于佛的法身。当时，须菩提尊者就返回座位继续缝织衣裳。

这时，优钵华色比丘尼变化成转轮圣王的形象，七宝引导相随而来到世尊的处所。这时，五位国王远远看见转轮圣王前来，不禁欢喜雀跃，各自相互说道："真是奇特！世间显然出现二位珍宝，就是如来、转轮圣王。"

当时，世尊带领着数万天人从须弥山顶前来，到水池旁。这时，世尊抬脚踏地，这三千大千世界变现出六种震动。这时，变化的转轮圣王渐渐来到世尊的处所，各小国王及人民各自避开。这时，变化的圣王已感觉到接近了世尊，便恢复了本来的比丘尼形象，礼拜在世尊脚前。五位国王见到后，各暗自抱怨，相互说道："我们今天真是极大的过失，我们应先觐见如来，然而如今比丘尼却先觐见了如来。"

这时，比丘尼来到世尊的处所，头面接足地礼拜佛，对佛说："我现在礼拜最胜尊的如来，今天得以首先觐见，我优钵华色比丘尼是如来的弟子。"

当时，世尊对那比丘尼说了一首偈：

> 须菩提已首先礼拜了佛，
> 他是最先，没有人能超过；
> 空无的解脱之门，
> 是这礼佛的真义。
> 要想礼拜佛陀，
> 无论是未来佛还是过去佛；
> 都应以空无之法去观照，
> 这才是礼佛的真义。

这时，五位国王及人民多得不可胜数，前往来到世尊的处所，各自通报姓名："我是迦尸国王波斯匿。""我是拔蹉国王，名叫优填。""我是五都人民之主，名叫恶生。""我是南海之主，名叫优陀延。""我是摩揭国频毗娑罗王。"当时，有十一那术的人民云集一处，以及四部众生中最尊长者，共一千五百五十人前往来到世尊的处所，头面接足地礼佛后，立在一旁。

当时，优填王手执牛头栴檀像，并用偈颂对如来说：

> 我现在要询问护持一切的慈悲世尊，
> 制作佛像之人有什么样的福德？

当时，世尊也用偈回答道：

> 大王现在请听，制作佛像的人，
> 福德能有多少，现在我粗略说说。
> 最初眼根不坏，以后就能获得天眼；
> 黑白分辨明晰，这是制作佛像的福德。
> 形体应完备具足，意念纯正不迷惑；
> 力量成倍地超过俗人，这是制作佛像的福德。
> 最终不堕入恶道，最终能生往天上；
> 在那里成为天王，这是制作佛像的福德。
> 其余的功德不可胜数，
> 其他的福报不可思议；
> 名闻远播四方，这是制作佛像的福德。

"好哇！好哇！大王！制造佛像多有益处，会蒙受天、人的护佑。"

当时，优填王心中不禁极为欢喜快乐。

原典

三二九经

闻如是：

一时，佛在舍卫国祇树给孤独园。

尔时，世尊告诸比丘："我今当说第一最空法，汝等善思念之。"

诸比丘对曰："如是，世尊！"尔时，诸比丘从佛受教。

世尊告曰："彼云何名为第一最空之法？若眼起时则起，亦不见来处，灭时则灭，亦不见灭处；除假号①法、因缘②法。云何假号、因缘？所谓是有则有，此生则生，无明缘行，行缘识，识缘名色，名色缘六入，六入缘更乐，更乐缘痛，痛缘爱，爱缘受，受缘有，有缘生，生缘死，死缘愁、忧、苦、恼，不可称计。如是苦阴成此因缘。

"无是则无，此灭则灭。无明灭则行灭，行灭则识灭，识灭则名色灭，名色灭则六入灭，六入灭则更乐灭，更乐灭则痛灭，痛灭则爱灭，爱灭则受灭，受灭则有灭，有灭则生灭，生灭则死灭，死灭则愁、忧、苦、恼，皆悉灭尽，除假号之法。耳、鼻、舌、身、意法亦复如是，起时则起，亦不知来处，灭时则灭，亦不知灭处，除其假号之法。彼假号法者，此起则起，此灭则灭。此六入亦无人造作，亦名色、六入法，由父母而有胎者亦无③，因缘而有④，此亦假号，要前有对，然后乃有。犹如钻木求火，以前有对，然后火生；火亦不从木出，亦不离木。若复有人劈木求火亦不能得，皆由因缘合会，然后有火。此六情起病亦复如是，皆由缘会于中起病。此六入起时则起，亦不见来，灭时则灭，亦不见灭；除其假号之法，因由父母合会而有。"

尔时，世尊便说此偈：

> 先当受胞胎，渐渐如冻酥；
> 遂复如息肉，后转如像形。
> 先生头项颈，转生手足指；
> 支节各各生，发毛爪齿成。
> 若母饮食时，种种若干馔；
> 精气用活命，受胎之原本。
> 形体以成满，诸根不缺漏；
> 由母得出生，受胎苦如是。

"比丘当知：因缘合会，乃有此身耳！又复，比丘！一人身中骨有三百六十，毛孔九万九千，脉有五百，筋有五百，虫八万户。比丘当知：六入之身有如是灾变。比丘！当念思维：如是之患，谁作此骨？谁合此筋脉？谁造此八万户虫？"

尔时，彼比丘作是念思维，便获二果：若阿那含、若阿罗汉。

尔时，世尊便说此偈：

> 三百六十骨，在此人身中；
> 古佛之所演，我今亦说之。
> 筋有五百枚，脉数亦如是；
> 虫有八万种，九万九千毛。
> 当观身如是，比丘勤精进；
> 速得罗汉道，往至涅槃界。
> 此法皆空寂，愚者之所贪；
> 智者心欢悦，闻此空法本。

"是谓，比丘！此名第一最空之法。与汝等说如来之所施行之法，我今已为起慈哀心，我今已办，常当念修行其法，在闲居之处，坐禅思维，勿有懈怠。今不修行，后悔无益！此是我之教训。如是，诸比丘！当作是学！"

尔时，诸比丘闻佛所说，欢喜奉行！

注释

①**假号**：即假名。诸法为因缘和合而成，无真实之体，故不可自差别，仅假名有差别的诸法，离名则无差别之诸法，故指诸法为假名。

②**因缘**：此处指十二支缘起。

③**无**：指无我，即是第一最空之法，空行第一之法。

④**有**：指因缘条件具备下之存有，虽有而只为假名，其性本空。

译文

三二九经

我亲自听佛这样说：

那时，佛在舍卫国的祇树给孤独园。

当时，世尊告诉诸比丘说："我如今要说第一最空法，你们要好好思维。"

诸比丘答道："是的，世尊！"当时，诸比丘便随从佛接受教化。

世尊对他们说："那什么叫作第一最空之法呢？比如

眼，起时就起，也见不到起来之处，灭时就灭，也见不到灭尽之处，只是假名法、因缘法。什么是假名、因缘呢？就是所说的是有则有，此生则生，无明缘行，行缘识，识缘名色，名色缘六入，六入缘触，触缘受，受缘爱，爱缘取，取缘有，有缘生，生缘死，死缘愁、忧、苦、恼，不可胜数。苦阴如此成为这因缘。

"无是则无，此灭则灭。无明灭则行灭，行灭则识灭，识灭则名色灭，名色灭则六入灭，六入灭则触灭，触灭则受灭，受灭则爱灭，爱灭则取灭，取灭则有灭，有灭则生灭，生灭则死灭，死灭则愁、忧、苦、恼，全都灭尽，是为假名之法。耳、鼻、舌、身、意法也是如此，起时则起，也不知道从何处而来，灭时则灭，也不知道从何处而灭，只是为假名之法。那假名法，就是此起则起，此灭则灭。这六入也没有人造作，也叫作名色、六入法，因父母而受胎者也是无我，由因缘才存有，这也就是假名，要前面有相对因缘，这样后来才会存有。犹如钻木取火，因前面有相对因缘，这样后来火才会生起；火也不是从木生出，也离不开木。若是还有人劈木取火也不能得到，都是由于因缘和合，然后才有火。这六情生病也是如此，都由于因缘和合而起病。这六入起时则起，也不见从何而来，灭时则灭，也不见从何而灭；只是为假名之法，因由于父母和合而存有。"

当时，世尊便说出这首偈：

> 首先应是受胞胎，如冻之慢慢复苏；
> 进而才又滋生长肉，后来随之身形出现。
> 先是生出头颅脖颈，转而长出手足；
> 肢体各自生出，毛发手指牙齿都形成。
> 若是母亲吃饭时，食进各种佳馔；
> 精气起用而可活命，这是受胎之原本。
> 形体成长完满，诸根没有损缺漏失；
> 因母体而得以出生，受胎之烦苦以至如此。

"比丘应当知道：因缘和合，才会有这身！还有，比丘！一个人身体之中有三百六十块骨头，有九万九千个毛孔，有五百脉，有五百筋，有八万种虫。比丘应当知道：六入之身有着这些灾变。比丘！应考虑思索：如此这些灾患，是谁造作这些骨头呢？是谁组合这些筋脉呢？是谁造作这八万种虫呢？"

当时，那些比丘产生了这种想法或思考，就获得了二果：或阿那含果，或阿罗汉果。

当时，世尊便说出这首偈：

> 三百六十块骨头，在这人体之中；
> 古佛曾经演说，我如今也要说明。
> 筋有五百枚，脉数也是五百；

虫有八万种，毛孔是九万九千。

比丘应观照这身体，进而再勤加精进；

就可迅速获得罗汉果，以至到达涅槃境界。

此法全是空寂，为愚痴之人所贪求；

智慧之人心意愉快，来闻听这空法之根本。

"这就是说，比丘！这才叫第一最空之法。为你们演说如来所施行之法，我如今因为生起了仁慈哀愍之心，我如今已断尽见思之惑，常常要念想着修行其法，在闲居的处所，坐禅思考，不要有所懈怠。如今不修行，会后悔不已！这就是我的教诫，正是如此，诸比丘！应当如此修习！"

当时，诸比丘闻听佛所说的话后，便欢喜地奉承持行！

原典

三三二经①

闻如是：

一时，佛在毗舍离②城外林中，与大比丘众五百人俱。

尔时，尊者马师③到时，着衣持钵，入城乞食。是时，萨遮尼揵子④遥见马师来，即往语马师曰："汝师说何等义？有何教训？以何教诚向弟子说法乎？"

马师报曰："梵志⑤！色者无常，无常者即是苦，苦者即是无我，无我者即是空也，空者彼不我有，我非彼有。如是者智人之所学也。痛、想、行、识无常，此五盛阴无常，无常者即是苦，苦者即是无我，无我者即是空，空者彼非我有，我非彼有。卿欲知者，我师教诚其义如是，与诸弟子说如是义。"

是时，尼揵子以两手掩耳，而作是言："止！止！马师！我不乐闻此语。设瞿昙沙门⑥有此教者，我实不乐闻。所以然者，如我义者色者是常，沙门义者无常。何日当见沙门瞿昙与共论议？当除沙门瞿昙颠倒之心。"

尔时，毗舍离城五百童子⑦集在一处，欲有所论。是时，尼揵子往至五百童子所，语童子曰："汝等皆来，共至沙门瞿昙所。所以然者，意欲与彼沙门瞿昙共论，使彼沙门得见正谛之道。沙门所说者色者无常，如我义者色者是常。犹如力士⑧手执长毛之羊，随意将东西，亦无疑难。我今亦复如是，与彼沙门瞿昙论议⑨，随我捉舍而无疑难，犹如猛象凶暴而有六牙，在深水中戏，亦无所难。我今亦复如是，与彼论议亦无疑难，犹如两健丈夫⑩而捉一劣者，在火上炙，随意转侧，亦无疑难。我今与彼论义亦无疑难。我论议中尚能害象，何况人乎？亦能使象东、西、南、北，岂不如人乎？今此讲堂①梁柱无情之物，尚能使移转，何况与人共论能胜？我使彼血从面孔出而命终。"

其中或有童子而作是言："尼揵子终不能与沙门论议，但恐沙门瞿昙与尼揵子论议耳！"或有作是说："沙门不与尼揵子论议，尼揵子能与沙门共论议。"是时，尼揵子便作是念：设令沙门瞿昙所说，如马师比丘者，足得相畴，若更有义者，闻已当知。

是时，尼揵子将五百童子，前后围绕，往至世尊所，共相问讯，在一面坐。是时，尼揵子白世尊言："云何，瞿昙！有何教诫？以何教诫训诸弟子？"

佛告尼揵子："我之所说，色者无常，无常即是苦，苦者即是无我，无我者即是空，空者彼非我有，我非彼有；痛、想、行、识及五盛阴皆悉无常，无常即是苦，苦者无我，无我者是空，空者彼非我有，我非彼有，我之教诫其义如是。"

尼揵子报曰："我不乐闻此义。所以然者，如我所解义，色者是常。"

世尊告曰："汝今且专心意，思维妙理，然后说之。"

尼揵子报曰："我今所说色者是常，此五百童子其义亦尔。"

世尊告曰："汝今所说色者是常，此五百童子其义亦尔。"

世尊告曰："汝今以己之辩说之，何为引彼五百人乎？"

尼揵子报曰："我今说色是常，沙门欲何等言论？"

世尊告曰："我今说色者无常，亦复无我。权诈合数有此色者，亦无真实，无固、无牢亦如雪抟⑫，是磨灭之法，是变易之法。汝今方说色者是常，我还问汝，随意报我。云何，尼揵子！转轮圣王还于己国得自在不乎？又彼大王不应脱者而脱之，不应系者而系之，可得尔乎？"

尼揵子报曰："此圣王有此自在之力，不应杀者能杀之，不应系者能系之。"

世尊告曰："云何，尼揵子！转轮圣王当复老乎？头白、面皱、衣裳垢坌？"是时，尼揵子默然不报。世尊再三问之，彼亦再三默然不报。

是时，密迹金刚力士⑬手执金刚之杵⑭，在虚空中而告之曰："汝今不报论者，于如来前破汝头作七分！"

尔时，世尊告尼揵子曰："汝今观虚空中。"

是时，尼揵子仰观空中，见密迹金刚力士，又闻空中语："设汝不报如来论者，当破汝头作七分！"见已惊恐，衣毛皆竖，白世尊言："唯愿瞿昙当见救济，今更问论当畴对！"

世尊告曰："云何，尼揵子！转轮圣王当复老乎？亦当头白、齿落、皮缓、面皱耶？"

尼揵子报曰："沙门瞿昙！虽有此语；如我义者，色者是常。"

世尊告曰："汝善思维而后报之，前之与后义不相应。但具论圣王当复老乎？亦当头白、齿落、皮缓、面皱耶？"

尼揵子报曰："转轮圣王许使老。"

世尊告曰："转轮圣王常能于己国得自由，何以故不能却老、却病、却死？我不用老、病、死，我是常之，应欲使然者，其义可乎？"

是时，尼揵子默然不对，愁忧不乐，寂然不语。

是时，尼揵子身体汗出，汗污衣裳，亦彻坐处，乃至于地。世尊告曰："尼揵子！汝在大众中而师子吼：'汝等童子共我至瞿昙所，与共论议，当降伏，如捉长毛之羊，随意东西，而无疑难；亦如大象入深水中，随意自游，亦无所畏；亦如两健丈夫捉一劣者，在火上炙，随意转侧。'又复汝说：'我常能论害大象，如此梁柱草木斯皆无情，与共论议能使屈伸低仰，亦能使腋下流汗。'"

尔时，世尊举三法衣⑮，示尼揵子曰："汝观如来腋无流汗，然汝今日返更有汗，乃彻乎地。"是时，尼揵子复默然不对。

尔时，有童子名头摩⑯，集在彼众中。是时，头摩童子白世尊言："我今堪任有所施行，亦欲所说。"

世尊告曰："随意说之。"

头摩童子白佛言："犹如去村落不远有好浴池，然彼浴池有虫饶脚。然村落人民，男女大小往至浴池所，而出此虫，各各以瓦石取此虫，打之伤破手脚，彼虫意欲还入水者，终无此事。此尼揵子亦复如是，初意猛盛，与如来共论，心怀妒意，兼抱憍慢。如来尽以除之，永无有余。此尼揵子更终不能重至如来所而共论议。"

是时，尼揵子语头摩童子曰："汝今愚惑，不别真伪，亦不与汝共论，乃与沙门瞿昙共论。"是时，尼揵子白佛言："唯问义理，当更说之。"

世尊告曰："云何，尼揵子！转轮圣王欲使老、病、死不至，可得尔乎？彼圣大王果此愿耶？"

尼揵子报曰："不果此愿也。"

"欲使有此色，欲使无此色，可果乎？"

尼揵子报曰："不果也，瞿昙！"

世尊告曰："云何，尼揵子！色者是常，为是无常？"

尼揵子报曰："色者无常。"

"设复无常，为变易法，汝复见此是我，许我是彼有乎？"

对曰："不也，瞿昙！"

"痛、想、行、识为是常，为是非常？"

对曰："无常。"

世尊告曰："设复无常，为变易之法，汝颇见有乎？"

对曰："无也。"

世尊告曰："此五盛阴是常、无常也？"

尼揵子报曰："无常也。"

佛言："设复无常，为变易法，汝颇见有乎？"

对曰："无也。"

"云何，尼揵子！汝言是常，此理不与义相违乎？"

是时，尼揵子白世尊言："我今愚痴，不别真谛，乃兴此怀，与瞿昙共论，言色是常，犹如猛兽师子遥见人来，有恐怖心乎？终无此事！今日如来亦复如是，无有毫牦。我今狂惑，未明深义，乃敢触娆，沙门瞿昙所说过多，犹如盲者得眼，聋者彻听，迷者见路，无目者见色。沙门瞿昙亦复如是，无数方便而为说法。我今自归沙门瞿昙、法、比丘僧。自今已后尽形寿，听为优婆塞⑰，不复杀生。唯愿瞿昙及比丘僧，当受我请！欲饭佛及比丘僧。"尔时，世尊默然受请。

是时，尼揵子见世尊默然受请，即从座起，绕佛三匝，头面礼足而去。往诣毗舍离童子所，到已，语童子曰："汝等所应供养我具，当以时给我，莫以非时⑱。我今请沙门瞿昙及比丘僧，明当饭之。"

是时，诸童子各办饮食之具，持用与之。是时，尼揵子即以其夜，办种种甘馔饮食，敷好坐具，而白："时到，今正是时，唯愿屈神！"

是时，世尊到时，着衣持钵，将诸比丘僧入毗舍离，往至尼揵子家，到已就座，及比丘僧各次第坐。是时，尼揵子已见佛、比丘僧坐定，自手斟酌，行种种饮食，见佛、比丘僧食讫，行清净水，便取一小座，在如来前坐，欲得闻法。

尔时，世尊渐与说妙论，所谓论者：施论、戒论、生天之论，欲为秽恶，淫不净行，出要为乐。尔时，世尊已见尼揵子心开意解，诸佛世尊常所说法：苦、集、尽、道，尽与彼尼揵子说之。是时，尼揵子即于座上，诸尘垢尽，得法眼净。

是时，世尊便说此偈：

> 祠祀火为上，诗书颂为首；
> 人中王为最，众流海为源。
> 星中月为明，光明日最胜；
> 上下及四方，诸地所出物。
> 天及人民类，佛为无上尊；
> 欲求其德者，三佛⑲为最上。

尔时，世尊说此偈已，即从座起而去。是时，尼揵子五百弟子闻师受佛教化，闻已，各各自相谓言："我等大师，云何师宗瞿昙？"是时，诸弟子出毗舍离城，在中道立。是时，尼揵子欲至佛所听法。是时，世尊与尼揵子说法，助令欢喜。尼揵子闻法已，即从座起，头面礼足，便退而去。

是时，尼揵子弟子遥见师来，各各自相谓言："此沙门瞿昙弟子今着道来，各各取瓦石而打杀之。"

时，诸童子闻尼揵子为弟子所杀，往至世尊所，头面礼足，在一面坐。尔时，诸童子白世尊言："如来所可教化尼揵子者，今为弟子所杀。今已命终为生何处？"

世尊告曰："彼是有德之人，四谛具足，三结㉑使灭，成须陀洹，必尽苦际。今日命终生三十三天，彼见弥勒佛已，当尽苦际。此是其义，当念修行。"

尔时，诸童子白世尊言："甚奇！甚特！此尼揵子至世尊所，捔论议，还以己论而自缚，来受如来化。夫见如来者终无虚妄，犹如有人入海取宝，必有所克获，终不空还。此亦如是，其有众生至如来所者，要得法宝，终不空还。"

尔时，世尊与诸童子说微妙㉑法，使令欢喜。尔时，诸童子从佛闻法已，即从座起，绕佛三匝，头面礼足，便退而去。

尔时，诸童子闻佛所说，欢喜奉行！

注释

①此经叙说了尼揵子与佛论议无常空理，也反映了佛教与外道的论争。

②**毗舍离**：Vesālī，又作吠舍离，为跋耆国离车族的都城，位于拘萨罗的东南。

③**马师**：Assaji，又作阿说示、阿湿缚氏多，译为马胜、马师，以威仪端正而得名。佛陀于鹿野苑初转法轮，最初化度的五比丘之一。

④**萨遮尼揵子**：Saccaka Nigranthaputra，意为离系派之徒萨遮迦。尼揵意为离三界系缚，其特点为修裸形涂灰等离系的苦行，为六大外道派别之一。

⑤**梵志**：立志求生梵天之人。梵为清净之意。

⑥**瞿昙沙门**：瞿昙 Gautama，为释尊俗家的古代族姓，译为日，或甘蔗。沙门，译为勤息，即勤修佛道和息诸烦恼的意思，为出家修道者的通称。

⑦**童子**：梵语究摩罗、鸠摩罗迦。为八岁以上未冠者的总称。

⑧**力士**：即大力之士夫。拘尸那城有力士一族。

⑨**论议**：即问答而分别诸法。

⑩**丈夫**：指勇健之人，即勇进正道修行不退之人。

⑪**讲堂**：说法讲经的堂舍。

⑫**雪抟**：即雪团。

⑬**密迹金刚力士**：Guhyapāda，又作密迹力士、金刚密迹、密迹、密迹金刚、秘密主等。是手持金刚武器警固佛的夜叉神的总称。密迹，因其常亲近佛闻佛秘密事迹的本誓，故名。

⑭**金刚之杵**：即金刚杵，梵语伐折罗。原为印度的兵器。因其坚利以标其智可以断烦恼伏恶魔，以金石或木材造作，有大中小三种。

⑮**三法衣**：即安陀会、郁多罗僧、僧伽黎。安陀会，译为中着衣，五条制成，是平常起卧时穿着的；郁多罗僧，译为上衣，七条制成，是做法事入众时所披挂的；僧伽黎，译为众聚时衣，又称为大衣，由九条至二十五条制成，是做大法会，或是奉召入王宫时所穿着的。

⑯**头摩**：Dummukha，又作突目佉，离车族人，为离系外道萨遮尼揵子之徒。

⑰**优婆塞**：译为清信士、近事男、善宿男等，即在家亲近奉事三宝和受持五戒的男居士，为四众或七众之一。

⑱**非时**：晨朝至日中为时，日中至后夜为非时。此是不该进食之时。

⑲**三佛**：即法佛、报佛、化佛。

⑳**三结**：又作初果三结。结，即见惑，众生由此见

惑结缚，不能出离生死。声闻之人断尽此惑，即证初果须陀洹，故称初果三结。即（一）有身见结，（二）戒禁取结，（三）疑结。此三结为见惑中之最甚者，故为见惑之总称，能断此三结，则证预流果，得不堕法，定趣菩提。

㉑微妙：法体玄幽为微，绝思议为妙。

译文

三三二经

我亲自听佛这样说：

那时，佛在毗舍离城外的林中，与大比丘们五百人在一起。

当时，马胜尊者来到毗舍离城时，身着袈裟手持钵盂，入城乞食。这时，萨遮尼揵子远远看见马胜前来，就上前对马胜说："你的导师演说什么教义？有什么教训呢？用什么教诫来向弟子说法呢？"

马胜答道："梵志！色是无常，无常就是苦，苦就是无我，无我就是空，空就是彼非我有，我非彼有。这些是智慧之人所修学的。受、想、行、识是无常，这五盛阴是无常，无常就是苦，苦就是无我，无我就是空，空就是彼非我有，我非彼有。你所要知道的，我的导师教诫我们的教义就是这些，为诸弟子演说的就是这些教义。"

这时，尼捷子用双手掩住耳朵，这样说道："停！停！马胜！我不愿意听闻这些话。假使瞿昙沙门有这些教义，我实在不愿闻听。所以这样，是因为我的教义为色是常，沙门的教义却是无常。哪天能见到瞿昙沙门与他一同辩论义理？要除去沙门瞿昙的颠倒心。"

当时，毗舍离城有五百位童子聚集在一起，想要进行论辩。这时，尼捷子前往来到五百位童子的处所，对童子们说："你们都来，一起去到沙门瞿昙的处所。所以这样，是因为我意欲和那沙门瞿昙进行论辩，使那沙门得以见到真理的正确之路。沙门所演说的为色是无常，而我的教义为色是常。犹如健壮的大力士手执长毛羊，随意拿东拿西，也毫无难处。我现在也是如此，与那沙门瞿昙论辩义理，随我捉拿抛舍而毫无难处。犹如凶暴的猛象有六只大牙，在深水之中嬉戏，也毫无难处。我现在也是如此，与那沙门瞿昙论辩义理也毫无难处。犹如两个健壮的大丈夫捉抓一个弱劣之人，放在火上烧炙，随意翻转，也毫无难处。我现在与那沙门瞿昙论辩义理也是毫无难处。我在论议之中尚能使大象害怕，何况人呢？还能指使象往东、往西、往南、往北，难道还不能指使人吗？现在这座讲堂的梁柱是无情之物，我尚能使其翻转动，何况与人一同论辩而取胜呢？我要让他血从面孔流出而命终。"

其中有的童子这样说："尼揵子终归不能与沙门论辩，只怕沙门瞿昙与尼揵子论辩。"有的童子这样说："沙门不能与尼揵子论辩，尼揵子能与沙门一同论辩。"这时，尼揵子便产生了这种念头：假使沙门瞿昙论说其义，犹如马胜比丘所言，那么，我就足可以相抗衡，如果再有其他教义，听闻之后我也能知晓应对。

这时，尼揵子带领着五百位童子，前后围绕地前往来到世尊的处所，一起问讯世尊后，便在一旁坐定。这时，尼揵子对世尊说："瞿昙！你有什么教诫呢？用什么教诫训示诸弟子呢？"

佛告诉尼揵子说："我所说的教诫是：色是无常，无常就是苦，苦就是无我，无我就是空，空就是彼非我有，我非彼有；受、想、行、识以及五盛阴全都是无常，无常就是苦，苦是无我，无我是空，空是彼非我有，我非彼有，我教诫的义理就是这些。"

尼揵子回答说："我不愿意听闻这些主张。所以这样，是因为我的教诫其义理为色是常。"

世尊对他说："你现在暂且专注心意，思考那奥妙的义理，然后再演说一下。"

尼揵子回答道："我现在所说的色是常，这五百位童子的主张也是这样。"

世尊对他说："你现在所说的色是常，这五百位童子的主张也是这样。"

世尊又问他道："你现在以自己的辩才来解说义理，为什么还要带这五百位童子来呢？"

尼揵子反问说："我现在说色是常，你有怎样的论述呢？"

世尊对他说："我现在说色是无常，也是无我。全是权巧假借和合才有这色，它也不是真实，不固、不牢犹如雪团，这是磨灭之法，是变易之法。你今日方才所说的色是常，我反过来问你，请随意回答我。尼揵子！转轮圣王返回到自己国中能自在无碍吗？另外，能使不能解脱的给予解脱，已经解脱的再给予系缚，那大王可以这样做吗？"

尼揵子答道："这圣王有这般自在之力，不应杀的能够杀掉，不应系缚的给予系缚。"

世尊问道："尼揵子！转轮圣王也应当衰老吗？也应当头白、面皱、衣裳污垢吗？"这时，尼揵子默然不答。世尊再三询问他，他还是一再默然不答。

这时，密迹金刚力士手执金刚杵，在虚空之中对他说："你现在不回答问题，就在如来面前把你的头打破成七份！"

当时，世尊对尼揵子说："你现在看看虚空之中。"

尼揵子这时仰观虚空之中，看见密迹金刚力士，又听到空中传来的话："假使你不回答如来的问题，就要把你的头打破成七份！"他看到之后惊恐万分，毛发都竖起，对世尊说："只希望瞿昙救助于我，现在再有问题一定回答！"

世尊问道："尼揵子！转轮圣王也要衰老吗？也要头发变白、牙齿脱落、皮肤松弛、面有皱纹吗？"

尼揵子答道："沙门瞿昙！虽然如你所说，但我的教义还是认为色是常。"

世尊问道："你好好想想，而后再回答，前者与后面的义理不相关联。只论述圣王也要衰老吗？也要头发变白、牙齿脱落、皮肤松弛、面有皱纹吗？"

尼揵子答道："转轮圣王也许会衰老。"

世尊问他说："转轮圣王在自己国中可以常得自由无碍，什么缘故不能除去老、除去病、除去死呢？圣王能不老、病、死？他是恒常的，就应当让他免除老、病、死，这样合理吗？"

当时，尼揵子默然不答，忧愁不乐，寂然不语。

这时，尼揵子身体流出汗水，汗水浸污衣裳，又退回座位以至到地上。世尊对他说："尼揵子！你在大众之中作狮子吼：'你们这些童子一同与我去瞿昙的处所，我要与他一同辩论，要降伏他，犹如手捉长毛羊，随意放置在东、西，毫无困难；又如大象在深水之中，随意独自游戏，也毫无畏惧；还如两个健壮的大丈夫捉拿一弱劣者，放在火上烧炙，随意翻转。'另外，你还说：'我的论辩常常能让大象害怕，如这梁柱草木等无情之物，与之论辩能使其屈伸低仰，还能使其腋下流汗。'"

当时，世尊拉起三法衣给尼揵子看，说："你看看如来腋下没有流汗，而你今天反而却有汗，以至退到地上。"这时，尼揵子还是默然不答。

当时，有位童子叫作头摩，聚集在那众童子之中。这时，头摩童子对世尊说："我如今有些事已经明了，也想说一说。"

世尊对他说："随意说吧！"

头摩童子对佛说："犹如离村落不远处有个很好的浴池，然而那浴池中有虫子绕脚。村中的人民，男女老少前往来到浴池，让这虫出来后，各自以瓦石捕获这虫，把虫打得手脚伤破，那虫想要返回潜入水中，最终无法达到。这尼揵子也是如此，最初意气盛猛，与如来一同论辩，心怀嫉妒，兼之心有憍慢之意。如来为其尽皆除去，永远没有残余。这尼揵子终究不能再来如来处与之相互论辩。"

这时，尼揵子对头摩童子说："你现在真是愚鲁迷惑，不能辨别真伪，也不与你争论，还是与沙门瞿昙一起讨论。"这时，尼揵子对佛说："我只是想要询问义理，希望再说一说。"

　　世尊问他说："尼揵子！转轮圣王要想使老、病、死不到来，这可能吗？他能满足了这愿望吗？"

　　尼揵子答道："无法满足这愿望。"

　　"想要让这色有，想要让这色没有，这能做得到吗？"

　　尼揵子答道："不能做到，瞿昙！"

　　世尊问道："尼揵子！色是常还是无常呢？"

　　尼揵子答道："色是无常。"

　　"假使是无常，是变易之法，你又看见此是我，或者我是彼了吗？"

　　尼揵子答道："没有，瞿昙！"

　　"受、想、行、识是常还是无常呢？"

　　尼揵子答道："是无常。"

　　世尊问道："假如还是无常，是变易之法，你看见了吗？"

　　尼揵子答道："没有。"

　　世尊问道："这五盛阴是常还是无常呢？"

　　尼揵子答道："是无常。"

佛说："假如还是无常，是变易之法，你看见了吗？"

答道："没有。"

"尼揵子！你说是常，这不与义理相违背吗？"

这时，尼揵子对世尊说："我现在愚痴，不辨别真谛，才心生此念，与瞿昙一起论辩，说色是常，犹如猛兽狮子远远看见有人来到，便有恐惧心理吗？其实并无此事！今天对如来也是如此，没有毫厘的惧怕。我今天虚狂愚惑，不明深奥义理，才敢触动烦扰沙门，与沙门瞿昙谈论这么许多，使我犹如盲人获得明眼，聋人可以倾听，迷途的人寻找到道路，没有眼睛的人可以看见色彩。沙门瞿昙也是如此，以无数方便法门为人说法。我如今自愿皈依沙门瞿昙、法、比丘僧。自今以后将竭尽身形寿数亲近佛，顺从地做优婆塞，不再杀生。只希望瞿昙及比丘僧，要接受我的请求！我想要以饭供养佛及比丘僧。"当时，世尊默然接受了请求。

这时，尼揵子见世尊默然接受请求，立即就从座位起身，围着佛环绕三匝，头面接足地礼佛后离去，前往到毗舍离童子们的处所，来到后，便对童子说："你们所要供养给我的器具，要按时给我，不要非时给我。我如今要请沙门瞿昙及比丘僧，明天要供养饭给他们。"

这时，诸童子各自办理饮食器具，拿给尼揵子。这时，尼揵子就连夜置办各种甘美佳馔，放置好坐具，说道："时候已到，现在正是时候，只希望佛世尊屈驾前来！"

这时，世尊来到之时，穿着法衣，手持钵盂，带领诸比丘僧进入毗舍离，前往到尼揵子家，到后就坐于位，比丘僧各自依次落座。这时，尼揵子看见佛、比丘僧已身形坐定，亲手为他们斟酌，献上种种饭馔，见佛、比丘僧吃完饭，又端上清净水，然后就取一个小座，在如来前面坐下，想要闻听佛法。

当时，世尊慢慢为他演说妙论，所谓的妙论，就是施论、戒论、生天之论，欲念是秽恶之事，淫是不净之行，出离烦恼是快乐。当时，世尊见尼揵子已心意开通理解，便将诸佛世尊常常所说之法：苦、集、灭、道，全都对尼揵子讲说一遍。这时，尼揵子马上在座位之上就诸尘垢尽除，获得法眼清净。

这时，世尊便说出这样一首偈：

> 祠庙的祭祀以火为上，
> 诗书艺中以颂为首；
> 人群之中王最尊贵，
> 众多的流水大海是源。
> 空中群星月亮最明，
> 日间光明太阳最胜；

四面八方上下一切，

各种大地生出的事物。

天、人及世间众生，

佛是至高无上的尊者；

要想寻求福德的人，

三佛是最为上尊的。

　　当时，世尊说完这首偈后，就从座位起身离去。这时，尼揵子的五百弟子闻听导师接受佛的教化，听到之后，各自相互说道："我们的大师为什么要师从瞿昙呢？"这时，诸弟子走出毗舍离城，住立在大道中央。这时，尼揵子想要到佛的处所去听法。这时，世尊为尼揵子说法，助之让其欢喜。尼揵子听闻佛法后，就从座位起身，头面接足地礼佛后，便退出离去。

　　这时，尼揵子弟子远远看见导师回来，各自相互说道："这个沙门瞿昙的弟子如今从这条道路前来，我们各自取瓦石打杀他。"

　　当时，诸童子闻听尼揵子被弟子所杀，前往到世尊的处所，头面接足地礼佛后，便在一旁落座。当时，诸童子对世尊说："如来所能教化的尼揵子如今被弟子所杀害。如今命数已终，要转生何处呢？"

　　世尊对诸童子说："他是位有德性的人，四谛具足圆满，见惑烦恼尽灭，成就须陀洹果，必定尽除苦海。今天命数已终当生三十三天，他见到弥勒佛后，将尽除苦恼。这就是其教义，要常常思念修行。"

当时，诸童子对世尊说："非常奇特！这尼揵子到世尊的处所，要争辩议论，反而被自己的论点所束缚，反来接受如来的教化。看来见到如来终究不是虚妄，犹如有人进入大海寻取宝物，必定会有所获取，终究不会空手而归。这也是如此，若是有众生来到如来的处所，想要获得法宝，终究不会空手而归。"

当时，世尊为诸童子演说微妙法义，使令众生欢喜。当时，诸童子随从佛听闻佛法后，就从座位起身，围着佛环绕三匝，头面接足地礼佛后，便退出离去。

当时，诸童子闻听佛所说的话后，便欢喜地奉承持行！

原典

三四一经

闻如是：

一时，佛在波罗奈鹿野园①中，与大比丘众五百人俱。

尔时，世尊告诸比丘："当思维无常想②，广布无常想。已思维无常想，广布无常想，便断欲爱③、色爱④、无色爱⑤，尽断憍慢⑥、无明。何以故？昔者过去久远世时，有辟支佛⑦名善目，颜貌端正，面如桃华色，视瞻审谛，口作优钵华香，身作栴檀香。

"是时，善目辟支佛到时，着衣持钵，入波罗奈城乞食。渐渐至大长者家，在门外默然而立。是时，长者女遥见有道士⑧在门外立，端正无双，颜貌殊特，世之希有，口作优钵华香，体作栴檀香。便起欲心，向彼比丘所，便作是说：'汝今端正，面如桃华色，世之希有！我今虽处女人，亦复端正，可共合会。然我家中饶多珍宝，资财无量；然作沙门，甚为不易。'

"是时，辟支佛问曰：'大妹！今为染着何处？'

"长者女报曰：'我今正着眼色，又复口中作优钵华香，身作栴檀香。'

"是时，辟支佛舒左手，以右手挑眼着掌中，而告之曰：'所爱眼者，此之谓也。大妹！今日为着何处？犹如痈疮，无一可贪，然此眼中，亦漏不净。大妹当知：眼如浮泡，亦不牢固，幻伪非真，诳惑世人；耳、鼻、口、身、意皆不牢固，欺诈不真。口是唾器，出不净之物；纯含白骨，身为苦器，为磨灭之法，恒盛臭处，诸虫所扰；亦如画瓶，内盛不净。大妹！今日为着何处？

是故，大妹！当专其心，思维此法幻伪不真。如妹思维眼、色无常，所有着欲之想自消灭。耳、鼻、口、身、意皆悉无常。思维此已，所有欲意自当消除；思维六入，便无欲想。'

"是时，长者女便怀恐惧，即前礼辟支佛足，白辟支佛言：'自今已去，改过修善，更不兴欲想。唯愿受悔过，如是再三修行。'

"辟支佛报曰：'止！止！大妹！此非汝咎，是我宿罪，受此形故，使人见起欲情意。当熟观眼：此眼非我，我亦非彼有；亦非我造，亦非彼为，乃从无有中而生；已有便自坏败，亦非往世、今世、后世，皆由合会因缘。所谓合会因缘者，缘是有是，此起则起，此无则无，此灭则灭。耳、鼻、口、身、意亦复如是，皆悉空寂。是故，大妹！莫着眼色！以不着色，便至安隐之处，无复情欲。如是，大妹！当作是学！'

"尔时，辟支佛与彼女人，说四非常⑨之法已，升在虚空，现十八变⑩，还归所止。

"尔时，彼女人观眼、耳、鼻、舌、身、意了无所有；便在闲静之处，思维此法。彼女人复更思维六情无主，得四等心，身坏命终，生梵天上。比丘当知：若思维无常想，广布无常想，尽断欲、色、无色爱，憍慢、无明皆悉除尽。是故，比丘！当作是学！"

尔时，诸比丘闻佛所说，欢喜奉行！

注释

①**鹿野园**：Mṛgadāva，又作鹿野苑、仙人园、仙人论处、仙人鹿苑、施鹿园、鹿林等。在中印度波罗奈国，佛成道后，最初来此演说四谛之法，度憍陈如等五比丘。为古来仙人始说法处，故名仙人园。为诸鹿的住处，故名鹿林。

②**无常想**：十想之一。即观一切有为法皆为生灭、变坏。

③**欲爱**：指欲界的一切思惑，在思惑之中以贪爱为重过。

④**色爱**：指色界的一切思惑。

⑤**无色爱**：指无色界的一切思惑。

⑥**憍慢**：烦恼名，五上分结之一。自高凌物之心。

⑦**辟支佛**：又作辟支、辟支迦佛、辟支迦佛陀等，译为缘觉，或独觉，因观飞花落叶或十二因缘而开悟证道，故名缘觉，又因无师友的教导，全靠自己的觉悟而成，故又名独觉。

⑧**道士**：即有道之士，为释子之称。

⑨**四非常**：即四无常，为无常、苦、空、无我。

⑩**十八变**：指佛、菩萨、罗汉等于入定时所现的十八种神变。

译文

三四一经

我亲自听佛这样说：

那时，佛在波罗奈的鹿野园之中，与五百位大比丘在一起。

当时，世尊告诉诸比丘说："应当思考无常想，广泛宣布无常想。已经思考无常想，广泛宣布无常想的，便会断灭欲爱、色爱、无色爱，断尽憍慢、无明。是什么缘故呢？是因为在久远的过去世时，有一位辟支佛名叫善目，容貌端正，面如桃花之色，眼睛凝注审视，口中发出优钵华香味，身体发出栴檀香味。

"这时，辟支佛善目来到时，穿着法衣，手持钵盂，进入波罗奈城里乞食。慢慢来到了大长者之家，在门外默然住立。这时，长者之女远远看见有位道士在门外住立，容貌端正天下无双，容颜非常美好，为世间少有，口中发出优钵华香味，身体发出栴檀香味。就生起爱欲之心，向那比丘的处所走去，便这样说道：'你现在相貌端正，容颜如桃花之色，实在是世间少有！我如今乃为处女身，也还端正，可以与你结合。而且我的家中具有丰饶的珍宝，财产资业无量；以你如此端严的相貌去做沙门，实在是很不容易做到。'

"这时，辟支佛询问道：'大妹！你如今爱着于我哪里呢？'

"长者之女回答道：'我如今正是爱着于你眼睛的颜色，另外还有你口中发出的优钵华香味，及身体发出的栴檀香味。'

"这时，辟支佛舒展开左手，用右手挖出眼珠放在掌中后，告诉那女子说：'你所爱着的眼睛，这个就是。大妹！如今你爱着的是什么呢？犹如痈疮一般，没有一处可贪着，然而这眼珠，也是漏而不清净的。大妹你要知道：眼珠犹如浮泡，也不牢固，是幻化虚伪而并非真实，欺诳迷惑着世人，耳、鼻、舌、身、意全都是不牢固，虚幻不实的。口是唾液的器皿，出不清净之物；身是盛苦患的器具，是盛集臭秽之处，终究日益磨灭消逝，留存白骨一堆。这身，免不了死亡、腐臭，被虫所唼食；也像外表美丽的瓶子，里面盛着不净的污水。大妹！你现在执着的是什么？因此，大妹！应当专注一心，思维此身心幻化虚伪不真实。就如大妹思维眼、色是无常一样，所有执着贪欲之想自可消灭。耳、鼻、口、

身、意全都是无常。思考了这些之后，所有的贪欲意念自行要消除；思考六入，就会没有贪欲之想。'

"这时，长者之女便心怀恐惧，马上前来礼拜辟支佛足，对辟支佛说：'从今以后，我当改过修善，再不心生贪欲之想。只希望能接受我的悔过，如果这样，我将再三地修行善业。'

"辟支佛对女子说：'停！停！大妹！这并不是你的过错，是因为我宿世的罪业，才脱胎受此身形的缘故，使人看见便生起贪欲情意。要详细观看这眼：此眼并非我有，我也并非彼有；此眼也非我造，也并非是彼造，乃是从无有之中而生；已经存有就会自行坏败，也不是在往世、今世、后世，全是由于因缘会合。所谓的因缘会合，就是缘是有是，此起则起，此无则无，此灭则灭。耳、鼻、口、身、意也都是如此，本质全都是空寂。因此，大妹！不要贪着于眼色！因不贪着于色，就会到达安稳之处，不再会有情欲。如此，大妹！应当如此修习！'

"当时，辟支佛为那女子演说了四非常法后，就升到虚空之中，显现出十八种神变，便返归到处所。

"当时，那女子观照眼、耳、鼻、口、身、意，了然毫无所有；就到闲静的处所，去思考此法。那女子再又思考了六情无主，便获得四等心，身形坏败寿命终

结，生到梵天之上。比丘们要知道：若是思考无常想，
广泛宣布无常想，就会断尽欲、色、无色爱，憍慢、无
明全都除尽。因此，比丘！应当如此修习！"

当时，诸比丘闻听佛所说的话后，都欢喜地奉承持
行！

9　佛土思想

佛土思想[1]

三二四经

闻如是：

一时，佛在阿耨达泉[2]与大比丘众五百人俱。

尔时，诸比丘起轻慢想于目连所。是时，世尊便作是念：此诸比丘生轻慢之想向目连，受罪难计。告目连曰："现汝神力使此众见，无令大众起懈怠想。"

目连对曰："如是，世尊！"

是时，目连礼世尊足，即于如来前没不现，往诣东方七恒河沙佛土。有佛名奇光如来③、至真、等正觉，出现彼土。是时，目连以凡常之服往诣彼土，在钵盂缘上行。又彼土人民，形体极大。是时，诸比丘见目连已，自相谓言："汝等观此虫，正似沙门。"是时，诸比丘复持示彼佛："唯然，世尊！今有一虫，正似沙门。"

尔时，奇光如来告诸比丘曰："西方去此七恒河沙土，彼世界名忍④，有佛名释迦文如来、至真、等正觉，出现于世，是彼弟子，神足第一。"尔时，彼佛告目连曰："此诸比丘起轻慢意，现汝神足，使大众见之。"

目连对曰："如是，世尊！"是时，目连闻佛教已，以钵盂络盛彼五百比丘至梵天上。是时，目连以左脚登须弥山，以右脚着梵天上。

尔时，便说此偈：

> 常当念勤加，修行于佛法；
> 降伏魔众怨，如钩调于象。
> 若能于此法，能行不放逸；
> 当尽苦原际，无复有众恼。

是时，目连以此音响，遍满祇洹精舍。诸比丘闻已，往白世尊："目连为住何处而说此偈？"

世尊告曰："此目连比丘去此佛土七恒河沙，正在东方，以绳络盛彼五百比丘，以左脚登须弥山，右脚着梵天上，而说此偈。"

尔时，诸比丘叹未曾有⑤："甚奇！甚特！目连比丘有大神足，我等起于懈慢于目连所，唯愿世尊使目连比丘将此五百比丘来至此间！"

是时，世尊遥现道力⑥，使目连知意。

是时，目连将五百比丘来至舍卫城祇树给孤独园。尔时，世尊与数千万众而为说法。时，大目连将五百比丘至世尊所。然释迦文佛弟子仰观彼比丘。是时，东方世界比丘礼世尊足，在一面坐。尔时，世尊告彼比丘曰："汝等比丘为从何来？是谁弟子？道路为经几时？"

彼五百比丘白释迦文佛："我等世界今在东方，佛名奇光如来，是彼弟子。然我等今日亦复不知为从何来？为经几日？"

世尊告曰："汝等知佛世界乎？"

诸比丘对曰："不也，世尊！"

"汝等今日欲诣彼土乎？"

诸比丘对曰："唯然，世尊！欲还诣彼土。"

尔时，世尊告彼比丘："今当与汝说六界法，善思念之。"

诸比丘对曰："如是，世尊！"尔时，诸比丘从佛受教。

世尊告曰："彼云何名为六界⑦之法？比丘当知：六

界之人禀父母精气⑧而生。云何为六？所谓地界、水界、火界、风界、空界⑨、识界⑩。是谓，比丘！有此六界。人身禀此精气而生六入⑪。云何为六？所谓眼入、耳入、鼻入、舌入、身入、意入。是谓，比丘！有此六入，由父母而得有，以依六入便有六识身⑫。云何为六？若依眼识则有眼识身，耳识、鼻识、舌识、身识、意识。是谓，比丘！此名六识身。若有比丘解此六界、六入、六识者，能度六天⑬而更受形。设于彼寿终来生此间，聪明高才，于现身上，尽于结使，得至涅槃。"

尔时，世尊告目连曰："汝今还将此比丘诣彼佛土。"

目连报曰："如是，世尊！"是时，目连复以络盛五百比丘，绕佛三匝，便退而去，如屈伸臂顷，已至彼佛土。是时，目连舍此比丘已，礼彼佛足已，还来诣此忍界。是时，彼土比丘闻此六界已，诸尘垢尽，得法眼净。

尔时，世尊告诸比丘："我弟子中第一声闻神足难及，所谓大目乾连比丘是也。"

尔时，诸比丘闻佛所说，欢喜奉行！

注释

①佛土思想反映了大众部传本《增一阿含经》的特

点，这里择选了《六重品》之三二四经。佛土，指一佛所住的国土，或一佛所教化的领土，有净土、秽土、报土、法性土等的分别。

②**阿耨达泉**：Anotatta sara，译为无热恼池。位于雪山之顶，纵横有五十由旬，其水清冷，澄净无秽。泉东有恒伽河，从牛口而出，从五百河入于东海；泉南有新头河，从狮子口而出，从五百河入于南海；泉西有婆叉河，从马口而出，从五百河入于西海；泉北有斯陀河，从象口中出，从五百河入于北海。阿耨达宫中有五柱堂，阿耨达龙王（Anovattata nāga-rājan）住于其中。

③**奇光如来**：又作光明王如来。其佛土有大光明，佛身长四十里，诸菩萨身长二十里，诸菩萨所食钵器，高一里。

④**忍**：指忍土、忍界，即娑婆世界。娑婆译为忍，或堪忍，故又叫堪忍世界。

⑤**未曾有**：梵名阿浮陀，译为稀有、未曾有，总以名意外之事。

⑥**道力**：自道体而生的力用得道，故由道发无畏的力用。

⑦**六界**：又作六大，即地、水、火、风、空、识等六种构成有情身心世界的要素；骨、肉属地界，血、尿等属水界，体温属火界，呼吸属风界，种种空隙属空

界，种种心识作用属识界。

⑧**精气**：人的精神气力。

⑨**空界**：即眼空、耳空、鼻空、口空、咽喉动摇，内所摄空，在空不为肉、皮、骨、筋所覆。

⑩**识界**：即乐识、苦识、喜识、忧识、舍识。

⑪**六入**：分内外六入，眼、耳、鼻、舌、身、意为内六入；色、声、香、味、触、法为外六入，合称十二入或十二处。入，为涉入之意，六根、六境互相涉入而生六识，故名入。处，为依止之意，六根、六境为生六识之所依、所缘，故名处。

⑫**六识身**：即六识，识为了别之意；乃依六根缘六境，而生见闻觉知之了别作用。身指聚集，谓所聚集之六识，各有分齐，故名六识身。

⑬**六天**：指欲界六天，即四王天、忉利天、夜摩天、兜率天、乐变化天、他化自在天。

译文

三二四经

我亲自听佛这样说：

那时，佛在阿耨达泉与五百位大比丘在一起。

当时，诸比丘对目连生起轻慢之念。这时，世尊就产生了这种念头：这些比丘对目连生起轻慢之念，所受罪业难以数计。就对目连说："显现出你的神力来让众比丘看看，不要让大众生起懈怠心念。"

目连答道："是的，世尊！"

这时，目连礼拜世尊的脚足，随即就在如来足前隐没不现，前往东方七恒河沙数那么远的佛土。有一位佛名叫奇光如来、至真、等正觉，就出现在那方佛土之上。这时，目连以平凡寻常的服饰前往那方佛土，在钵盂边缘上行走。又，那佛土上的人民，形体极大。这时，诸比丘见到目连后，互相说道："你们看这只小虫，很像是沙门。"这时，诸比丘又拿着目连给奇光佛看："世尊！现在有一只小虫，很像是沙门。"

当时，奇光如来告诉诸比丘说："在西方离这里七恒河沙数远的佛土，那个世界名叫忍，有一位佛，名叫释迦文如来、至真、等正觉，出现在那世间，这位就是他的弟子，是神足第一。"这时，奇光佛告诉目连说："这里的诸比丘生起了轻慢之意，你显露出你的神足，让大家看看。"

目连答道："是的，世尊！"这时，目连听到佛的指教后，便用钵盂的网络盛着那里的五百位比丘来到梵天之上。这时，目连将左脚登在须弥山上，将右脚放在梵天上。

当时，便说出这样一首偈：

> 应时常念想着更加勤勉，
> 去对佛法进行修持；
> 降伏那群魔众怨，
> 犹如用铁钩去调大象。
> 若是能对于此法行持，
> 而毫不放逸；
> 就应达到苦际的尽头，
> 再也没有众多的烦恼。

这时，目连以此说法音声，遍满祇洹精舍。诸比丘听到后，都前来询问世尊："目连这是在什么地方说出这首偈的呢？"

世尊告诉诸比丘说："这时目连在距此七恒河沙数远的佛土，在正东方，用绳网盛着那里的五百位比丘，将左脚登在须弥山上，右脚放在梵天之上，而说出了这首偈。"

当时，诸比丘赞叹闻所未闻："真是奇特！目连比丘具有这等大神足，我们对目连生起懈怠轻慢之意，只希望世尊让目连比丘带着五百比丘来到这里！"

这时，世尊向遥远处显现其道力，让目连知道他的心意。

这时，目连带着五百位比丘来到舍卫城的祇树给孤独园。当时，世尊在为数千万众的人说法。这时，大目连带着五百位比丘来到世尊的处所。这些释迦文佛的弟子们仰视着那些比丘。这时，东方世界比丘们礼拜在世尊的脚前，并在一旁坐下。当时，世尊询问那些比丘："你们这些比丘是从何处而来呢？是谁的弟子呢？道路上经历了多长时间呢？"

那五百位比丘对释迦文佛说："我们的世界如今在东方，佛的名字叫奇光如来，我们是他的弟子。然而我们今日也不知是从何处而来，用了多长时间。"

世尊对他们说："你们知道佛的世界吗？"

诸比丘答道："不知道，世尊！"

"你们今日要回到你们那佛土吗？"

诸比丘答道："是的，世尊！要回到佛土。"

当时，世尊对那些比丘说："现在应当为你们演说六界法，要好好思考。"

诸比丘答道："是的，世尊！"当时，诸比丘便跟随佛接受教示。

世尊说："那什么叫作六界之法呢？比丘应当知道：六界的人是禀受父母的精气而生成的。是哪六界呢？就是所谓的地界、水界、火界、风界、空界、识界。比丘！

这就是所说的六界。人禀受这些精气而产生六入。是哪六入呢？就是所谓的眼入、耳入、鼻入、舌入、身入、意入。比丘！这就是所说的六入，因父母而得以形成，因六入便具有了六识身。是哪六识身呢？若是依眼识就有眼识身，依次是耳识、鼻识、舌识、身识、意识。比丘！这就是所说的六识身。若是有比丘了悟这六界、六入、六识，就能生入欲界六天而再度受形。假设他在寿命终结时投生于人间，将会有聪明才智，并于现世身中，灭尽一切烦恼，得以到达涅槃境界。"

当时，世尊告诉目连说："你现在将这些比丘带回到他们的佛土上去。"

目连答道："是的，世尊！"这时，目连又用绳网盛着五百位比丘绕佛三匝，便退离而去，如屈伸手臂的短瞬之间，便已到达那佛土。这时，目连放下那些比丘，在那奇光如来足前礼拜后，才返回到这堪忍世界。这时，那佛土上的比丘们听到这六界法后，诸尘垢便尽皆灭除，获得法眼清净。

当时，世尊告诉诸比丘说："我的弟子之中，第一声闻神足无与相比的，就是这大目乾连比丘。"

当时，诸比丘闻听佛所说的话后，都欢喜地奉承持行！

10　佛出人间

原典

佛出人间[①]

二三○经

闻如是：

一时，佛在舍卫国祇树给孤独园。

尔时，尊者阿难至世尊所，头面礼足，在一面住。斯须，复以两手摩如来足已，复以口鸣如来足上，而作是说："天尊之体，何故乃尔？身极缓尔，如来之身不如本故。"

世尊告曰："如是，阿难！如汝所言，今如来身皮肉已缓，今日之体不如本故。所以然者，夫受形体，为病所逼。若应病众生，为病所困；应死众生，为死所逼。今日如来，年已衰微，年过八十。"

是时，阿难闻此语已，悲泣哽噎，不能自胜，并作是语："咄嗟！老至乃至于斯！"

是时，世尊到时，着衣持钵，入舍卫城乞食。是时，世尊渐渐乞食，至王波斯匿舍。当于尔时，波斯匿门前，有故坏车数十乘，舍在一面。

是时，尊者阿难以见车弃在一面，见已，白世尊曰："此车王波斯匿车，昔日作时极为精妙，如今日观之，与瓦石同色。"

世尊告曰："如是，阿难！如汝所言，如今观所有车，昔日之时极为精妙，金银所造，今日坏败，不可复用。如是外物尚坏败，况复内者？"

尔时，世尊便说此偈：

> 咄！此老病死，坏人极盛色；
> 初时甚悦意，今为死使逼。
> 虽当寿百岁，皆当归于死；
> 无免此患苦，尽当归此道。
> 如内身所有，为死之所驱；
> 外诸四大者，悉趣于本无。

是故求无死，唯有涅槃耳；

彼无死无生，都无此诸行。

尔时，世尊即就波斯匿王坐。

是时，王波斯匿与世尊办种种饮食。观世尊食竟，王更取一小座，在如来前坐，白世尊曰："云何，世尊！诸佛形体皆金刚数，亦当有老、病、死乎？"

世尊告曰："如是，大王！如大王语，如来亦当有此生、老、病、死。我今亦是人数，父名真净②，母名摩耶③，出转轮圣王种。"

尔时，世尊便说此偈：

诸佛出于人，父名曰真净；

母名极清妙，豪族刹利种。

死径为极困，都不观尊卑；

诸佛尚不免，况复余凡俗！

尔时，世尊与波斯匿王而说此偈：

祠祀火为上，诗书颂为尊；

人中王为贵，众流海为首。

众星月为上，光明日为先；

八方上下中，世界之所载。

天及世人民，如来最为尊；

其欲求福禄，当供养三佛。

是时，世尊说此偈已，便从座起而去，还祇洹精舍，就座而坐。

尔时，世尊告诸比丘："有四法，在世间人所爱敬。云何为四？少壮之年，世间人民之所爱敬；无有病痛，人所爱敬；寿命人所爱敬；恩爱集聚，人所爱敬。是谓，比丘！有此四法，世间人民之所爱敬。

"复次，比丘复有四法，世间人民所不爱敬。云何为四？比丘当知：少壮之年，若时老病，世人所不喜；若无病者，后便得病，世人所不喜；若有得寿命，后便命终，世人所不喜；恩爱得集，后复别离，是世人所不喜。是谓，比丘！有此四法与世回转，诸天、世人，乃至转轮圣王、诸佛世尊，共有此法。是为，比丘！世间有此四法与世回转。

"若不觉此四法时，便流转生死，周旋五道。云何为四？贤圣戒、贤圣三昧、贤圣智慧、贤圣解脱。是为，比丘！有此四法而不觉知者，则受上四法。我今及汝等，以觉知此贤圣四法，断生死根，不复受有。如今如来形体衰老，当受此衰耗之报。是故，诸比丘！当求此永寂涅槃，不生、不老、不病、不死，恩爱别离，常念无常之变。如是，比丘！当作是念！"

尔时，诸比丘闻佛所说，欢喜奉行！

三〇〇经

闻如是：

一时，佛在舍卫国祇树给孤独园。

尔时，世尊告诸比丘："当天子欲命终时，有五未曾有瑞应而现在前。云何为五？一者华冠自萎；二者衣裳垢坌；三者身体汗臭；四者不乐本座；五者天女星散。是谓天子当命终时有此五瑞应。"

尔时，天子极怀愁忧，椎胸唤叫。尔时，诸天子来至此天子所，语此天子言："汝今尔来可生善处^④，快得善处，快得善利；以得善利，当念安处善业。"尔时，诸天而教授之。

尔时，有一比丘白世尊言："三十三天云何得生善处？云何快得善利？云何安处善业？"

世尊告曰："人间于天则是善处。得善处、得善利者，生正见家，与善知识从事，于如来法中得信根^⑤，是谓名为快得善利。彼云何名为安处善业？于如来法中而得信根，剃除须发，以信坚固，出家学道；彼以学道，戒性具足，诸根不缺，饭食知足，恒念经行^⑥，得三达明，是谓名为安处善业。"

尔时，世尊便说此偈：

> 人为天善处，良友为善利；
>
> 出家为善业，有漏尽无漏。

"比丘当知：三十三天着于五欲，彼以人间为善趣⑦；于如来法得出家，为善利而得三达。所以然者，诸佛世尊皆出人间，非由天而得也。是故，比丘！于此命终当生天上⑧。"

尔时，彼比丘白世尊："云何比丘当生善趣？"

世尊告曰："涅槃者，即是比丘善趣。汝今，比丘！当求方便，得至涅槃。如是，比丘！当作是学！"

尔时，诸比丘闻佛所说，欢喜奉行！

注释

①随着佛法的发展，佛陀渐渐出现被神化、梵化的倾向，为匡正而在此再次强调佛出人间。这里仅选择《四意断品》之二三〇经和《等见品》之第三〇〇经。

②**真净**：又作净饭，是输头檀那（Suddhadana）之意译，刹帝利王种，为释尊之父。

③**摩耶**：Māyā，又作摩诃摩耶（Mahāmāyā），译为大清净妙、大幻化、大术，天臂城释种善觉王之女，净饭王之夫人，生悉达多太子，七日而殁，生于忉利天。

④**善处**：人界天上或诸佛净土为善处。

⑤**信根**：信有生他善法之力，则名为信根。

⑥**经行**：于一定之地旋绕往来。为防止坐禅时睡眠，又为养身疗病。

⑦**善趣**：六道之中，地狱、饿鬼、畜生、阿修罗为四恶趣，而人、天为二善趣。另外，地狱、饿鬼、畜生为三恶趣，阿修罗、人、天为三善趣。

⑧**于此命终当生天上**：按此句意，佛出人间，人间为天之善处，如巴利文"如是语经"（It. vol. 1, P.77）作 Manussattaṃ kho bhikkhave devānaṃ sugati gamana saṅkhātaṃ（比丘们！人的状态才可称为诸天之善趣），故佛陀应当诫比丘"于此（人间）命终勿生天上"才顺乎义理。

译文

二三〇经

我亲自听佛这样说：

那时，佛在舍卫国的祇树给孤独园。

当时，阿难尊者来到世尊的处所，头面接足礼拜世尊后，便在一旁住立。不一会儿，再用两手抚摩如来的脚足后，又用口亲吻如来的脚足，并这样说："世尊的身体，何故如此呢？体肤极为松弛，这是如来的身体怎么不如原本的呢？"

世尊告诉他说："是的，阿难！正如你所说的，现在如来身上的皮肉已经松弛，这是如今的身体不如原来的缘故。所以这样，是因为受胎的身体，被疾病所困扰。若是生病的众生，就被疾病所困扰；若是面临死亡的众生，就被死亡所逼迫。今天的如来，年纪已近衰微，也已经过八十了。"

这时，阿难闻听此话后，便悲泣哽噎，不能自禁，并这样说道："唉呀！衰老的到来终究如此！"

这时，世尊来到舍卫国时，穿着袈裟手持钵盂，进入舍卫国内乞食。这时，世尊慢慢乞食，来到国王波斯匿的住舍。正当此时，波斯匿的门前，有破旧的车辆数十乘，抛弃在一边。

这时，阿难尊者因看到车辆丢弃在一边，看见后，便对世尊说："这些车是国王波斯匿的车，昔日刚刚造出来的时候是极其精致美妙的，而如今看看却与瓦一样。"

世尊告诉阿难说："是的，阿难！正如你所说的，如今看看这所有的车，昔日之时都是极为精致巧妙的，用金银制造，今天却坏损败弃，不可再用。如此这些外界之物尚且败坏，更何况内界自身呢？"

当时，世尊便说出这样一首偈：

唉！这衰老、疾病与死亡，

败坏着人盛年时的光泽色相；

年少是那样地愉悦快乐，

如今却被死亡所逼迫。

虽然寿数是百岁之龄，

最终都要归于死亡；

无人能躲避这忧患和苦恼，

全都将归入这终极之路。

犹如自身的一切所有，

都被死亡所驱使；

外在的那四大，

都将趋于原本的空无。

因此想寻求长生不死，

只有涅槃之路；

那里没有生与死，

也没有这世间的诸行。

当时，世尊就坐在波斯匿王的座位上。

这时，国王波斯匿为世尊置办了种种饮食之物。看着世尊吃完之后，国王又取来一个小座，在如来面前坐下，然后对世尊说："世尊！诸佛的形体都是金刚，为什么还有老、病、死呢？"

世尊告诉他说："是的，大王！正如大王所说的，如来也是有这生、老、病、死的。我如今也是人，父亲名叫真净，母亲名叫摩耶，出身于转轮圣王种姓。"

当时，世尊便说出这样一首偈：

诸佛出世于人间，父亲名为真净；
母亲名是大清净妙，属于刹帝利豪族。
死亡之路极为令人困扰畏惧，是不分那尊卑高下；
诸佛尚且不可躲避，何况其他的凡夫俗子！

当时，世尊为波斯匿王说了这样一首偈：

祠庙内的祭祀以火祭为上，
诗书之艺中以颂为尊；
人群之中王者最为尊贵，
众多流水以大海为首。
空中群星月亮为上，
日间光明太阳为先；
四面八方上下一切，
世界能承载的所有。
以及那天、人等世间众生，
如来是最为尊胜；
要想求得福德恩禄，
就应供养三世诸佛。

这时，世尊说完此偈之后，便从座位起身离去，回归到祇洹精舍，在宝座上就座。

当时，世尊告知诸比丘说："有四法，在世间为人们所喜爱。是哪四法呢？就是少壮之年，为世间人们所喜爱；没有疾病痛苦，为人们所喜爱；生命长寿，为人们所喜爱；恩爱集聚自身，为人们所喜爱。这就是说，比丘！有这四法，是为世间人民所喜爱。

"其次，比丘！还有四法，为世间人民所不喜爱。是哪四法呢？比丘应当知道：少壮之年，若是有老病之苦，便为世人所不喜爱；若是没有疾病，后来却患了疾病，为世人所不喜爱；若是生命长寿，后来却命数终结，为世人所不喜爱；若是恩爱得以集聚于一身，后来又离散，为世人所不喜爱。这就是说，比丘！有这四法在世间循回轮转，诸天、世人，以至转轮圣王、诸佛世尊，一同共有此法。这就是说，比丘！世间有这四法与世间一同循回轮转。

"若是不知晓这四法的时候，就会在生死中流转，在五道中轮回周旋。是哪四法呢？就是贤圣戒、贤圣三昧、贤圣智慧、贤圣解脱。这就是说，比丘！有这四法而不知晓的人，就要受前四法。我如今告知你们，以便知晓这贤圣四法，断除生死之根，不会再有生死之烦恼。如今如来的形体已经衰老，应受这衰耗的果报。因此，诸比丘！应寻求这永恒寂灭的涅槃，不生、不老、不病、不死，恩爱离散而去，常常念想着无常的变迁。正是如此，比丘！应当念想这些！"

当时，诸比丘闻听佛所说的话后，都欢喜地奉承持行！

三〇〇经

我亲自听佛这样说：

那时，佛在舍卫国的祇树给孤独园。

当时，世尊告诉诸比丘说："当天子生命临终之时，会有五种前所未有的衰相显现在眼前来应验。是哪五种衰相呢？一是花冠自动凋萎，二是衣裳污垢，三是身体汗臭，四是不能安住于自己的座位，五是天女身失威光。这就是天子生命临终之时所有的五种衰相。"

当时，天子内心极为忧愁，捶胸大哭。当时，诸天子来到这位天子的处所，对这位天子说："你现在来世可生于善处，快快得以生于善处，迅速获得善利；为获得善利，应当心中念着安处善业。"当时，诸天便教授这位天子。

当时，有一位比丘对世尊说："三十三天为什么能够生于善处？怎么能迅速得到善利？怎样安处善业呢？"

世尊告诉他说："人间对天来说就是善处。获得善处，获得善利，得以生于具有正见的家庭，跟随善知识行事，在如来法中获得信根，这就是迅速获得善利。那什么又叫安处善业呢？就是在如来法中获得信根，剃除须发，以坚固的信心，出家学道；并通过学道，具足戒性，诸根都不缺损，对饭食颇为知足，永远念想着经行，从而获得三达明，这就是安处善业。"

当时，世尊便说出这样一首偈：

> 人间是诸天的善处所在，
> 得遇良友就是获得善利；
> 出家便为善业，
> 可从有漏而终达无漏尽。

"比丘们应当知道：三十三天执着于五欲，他们以人间为善趣；从如来法中得以出家，为获善利而得到三达明。所以这样，是因为诸佛世尊都出于人间，并不是由天而得出世的。因此，比丘！当这生命终结时就要生往天上。"

当时，那比丘对世尊说："什么是比丘要往生的善趣呢？"

世尊告诉他说："涅槃，就是比丘的善趣。你现在，比丘！要寻求方便之法，得以到达涅槃。正是如此，比丘！应当如此修习！"

　　当时，诸比丘闻听佛所说的话后，都欢喜地奉承持行！

源流

关于佛陀时代的第一手资料，可能得以保存的就是在经与律中，这也是原始佛学学说的主要出处。现存的经有两大类，即北传的叫阿含，南传的叫尼柯耶。前者除四大部外还有一"杂部"，后者除与北传相应的四部外，还有一个"小部"。南北共同的四部是长部、中部、相应部、增支部四阿含。

　　阿含，是一种丛书，是第一次结集编纂完成的四种丛书。最初皆无写本，只依靠暗诵，历若干年后，随着佛教所被，才始以各国之语先后创立数种写本。

　　佛经因专恃暗诵而不书写于竹帛的缘故，其所传播的教义，辗转变迁，以致于阿难在世之时，就已多有失谬。据《付法藏因缘传》卷二载："阿难游行，至一竹林。闻有比丘，诵法句偈：'若人生百岁，不见水老鹤；不如生一日，而得睹见之。'阿难……语比丘：此非佛语。……汝今当听我演：……'若人生百岁，不解生灭法；不如生一日，而得解了之。'尔时，比丘即向其师说阿难语。师告之曰：'阿难老朽，言多错谬，不可信矣。汝今但当如前而诵。'"

由此可见，佛经在早期流传过程中，因辗转变迁，或解悟不同，传诵多有错谬，即使像阿难这样耆宿硕学也无法予以更改，更何况由于历代的积累补充，阿含已并非是原有的面目。

部派时代各派都有五尼柯耶或四阿含，除此之外没有其他经藏。而现存藏经中，巴利尼柯耶是属上座分别说部，西藏本是属于说一切有部，汉语四阿含是从各部派杂凑起来的。法幢认为：《杂》《中》二阿含是有部所传，《增一》是大众部所传，《别译杂阿含》是属饮光部所传。

从汉译资料即可以看到，仅《增一阿含经》在印度本土传诵时已不是一种诵本。据《分别功德论》所云："《增一阿含》本有百事。阿难以授优多罗，出经后十二年，阿难便般涅槃。其后诸比丘各习坐禅，遂废讽诵；由是此经失九十事。外国法师徒相传，以口授相付，不听载文。时所传者，尽十一事而已。自尔相承，正有今现文尔。优多罗弟子名善觉，从师受诵，仅得十一事，优多罗便涅槃。外国今现三藏者，尽善觉所传。"

又云："萨婆多（即说一切有部）无序及后十事。"

由此可见，印度本土诵本当时至少有百事本、九十事本、十一事本。而据吕澂《佛典泛论》中依各派广律所载归纳出：南方上座部《增一阿含》是增一至十集，共二二九一经；有部《增一阿含》是增一句事至十句事；北方上座部《增一阿含》是增一至十一；大众部《增一阿含》是增一至百；正量部《增一阿含》是增一事至十一事。不同部派所传《增一阿含》各有不同，而且有着较为明显的差异。

汉译《增一阿含经》现在一般认为是大众部所传，前有序品，结构是增一至十一。据解释《增一阿含经》的《分别功德论》说，有部的《增一阿含经》无序品，结构又是增一至十。可见汉译本是有部以外的传本。从内容看，与大众部的说法基本一致，据《分别功德论》所载，其内容多有与大乘相通之处，尤其是法身观、菩萨观方面更是如此，甚至还有大乘运动勃兴后的思想。这都是大众部的特点。《分别功德论》并未说明是属大众部所传，但根据内容大体还是可以这样断定的。《增一阿含》的内容，便于教化，运用便利。从论的解释中，还知道大众部四阿含的排列是：增一、中、长、杂。这显然是有其深意存在的。

而其他部派的编排顺序为：

说一切有部：杂、长、中、增一

化地部：长、中、杂、增一

法藏部：长、中、增一、杂、杂藏

分别说部：长、中、相应、增支、小

但另一方面，现传《增一阿含》从《杂藏传》看，却很近似于有部所传。究竟属于哪一部派，或包含哪些部派，这仍须进一步考究。

现存上座部的汉译《增一阿含》，有东汉安世高所译的片段，亦称作《杂经四十四篇》，原是附在《七处三观经》后。今判断其为上座部经典，是因为其与巴利文《增支部》完全可以对照。

汉译四部阿含，并非同时译出，其原本亦非同在一处求得，所以每种阿含的传授渊源各有不同。

现存《增支部》的形式和内容，较汉译《增一阿含》更为整顿。其体裁多为长行散文，及加入一些偈颂。各种经的收集，因地点、时间，和事情发展的不同而各有差异。增支部，即增加一支的经集部，组织分十一集，各集又再分有数品，共有一七二品，二二九一经，或二一九八经。觉音以增支部为九五五七经，是将法句数再加以详分的。而每一集是依法相名数或内容相同的编集在一起。但到后面集内，有时发现并不能一贯相符。通常每品多数为十经，最多一品是一集第二十品有二六二经，最少的品有七经。

部派时代，不仅各部派对五部四阿含进行了增补、改编，同时也开始对五部四阿含加以形式上的整理。如上座部系统，为了补救大众部的不法行动，为要拥护五部四阿含的内容起见，竟将五部四阿含的内容，加以思想上的体系化，以论述其内容或宗旨。这是始自《分别论》(上座部七阿毗昙之一)，继由《法蕴足论》《发智论》所承，而至于《杂心论》或《俱舍论》等时，才发挥至顶点。

而各部派对五部四阿含进行整理时，多采用法数形式。自《增支部》(汉译《增一阿含》)以来，各部派便开始以增一法数的形式对阿含的思想内容进行整理，当时这一方式被普遍地应用，上座部七阿毗昙之一的《人施设论》(该论是由此法而整理《增支部》中"人"的关系)，即采用此方式，而有部诸论以至《舍利弗阿毗昙论》等，都是采用这个方法。

从现存的经论来看，初期阿毗昙论的体裁，在编辑方面是有着明显倾向性的，在四阿含中，主要是倾向于《增一阿含》和南传《增支部》。后来成立的阿毗昙论书的体裁，多是由一法开始而至于十或百法的法数，这是阿毗昙论说明法的特点之一，而这法数形式正是从《增一阿含》的体裁而来的。

后来，由于佛教内部各种部派的兴替盛衰，特别是大乘佛教的兴起，各部派相传的《阿含经》没有流传下来。南传上座部的五尼柯耶全部得以保存下来，北传现存的汉译四阿含，并不是一个部派传承的。

从结构上看，汉译四阿含没有一种相当的与南方上座部传本尼柯耶完全相同。其中比较最为接近的，要算《长阿含》和《长尼柯耶》。《长尼柯耶》凡三分，三十四经。《长阿含》四分，只多出第四分一分。又《长阿含》所收三十经，和《长尼柯耶》相同者有二十七经，只余三经未收入《长尼柯耶》。其次是《杂阿含》和《相应尼柯耶》。《相应尼柯耶》凡五分，五十六篇，二百零三品，约二八七〇经。《杂阿含经》四分十诵，区分即比较简略，而所收一三五九经中与《相应尼柯耶》相同的有八八三经，占三分之二强。再次是《中阿含》和《中尼柯耶》。《中尼柯耶》凡三分，十五品，一五二经。《中阿含》四分十八品，区分较多，而所收二二二经中与《中尼柯耶》相同的仅九十六经。差别最大的是《增一阿含》和《增支尼柯耶》。《增支尼柯耶》凡十一法，一七二品，二二九一经。《增一阿含》虽也是十一法，但区分为五十二品，所收四七二经中与《增支尼柯耶》相同的仅一三五经，其余勘同巴利《长尼柯耶》的约二经，同于《中尼柯耶》的约三十三经，同于《相应部》（即《相应尼柯耶》）的约四十六经。北传某些经典所说的《杂藏》，虽相当于《小部》，但古来就没有完整的汉译本，只有相当于某部分内容的《六度集经》《生经》《法句经》《义足经》等。

《增一阿含》全部梵文已佚，近年在新疆地方发现的梵文断简中，仅有一种，相当于《增一阿含经》卷三十三《善聚品》第五经之岁经。

西藏大藏经中没有《增一阿含》全译本，仅有零本三种。一是《增一阿含》卷二十四《高幢品》第一经之幢经。二是《增一阿含》卷二十五《四谛品》第一经之谛经。三是《增一阿含》卷四十九《放牛品》第十经。

印度旧注《阿含注》及《增支部注》，都已遗佚。现存有佛音（Buddhaghosa）论师注《五部注》，其中的 Manoratha-pūraṇī（《满足希求》），即《增支部注》，四卷，未完成。没有汉译本。后护法（Dhammapāla）著有 Catuttha-sāratthamabjūsā（《第四真实义筐》），即《满足希求疏》。没有汉译本。

现在从汉译本中可见《增一阿含》注释之书只有一种，即后汉末（公元一四七—二二〇年）失译的《分别功德论》，五卷，只注解了经文从《序品》到《弟子品》的过半，并不是完本。

古印度迦旃延子所著有《阿毗昙》四十四品，是训释四部阿含的。此论译本，僧伽提婆、竺佛念共同译作《阿毗昙八犍度论》，三十卷；玄奘译作《阿毗达磨发智论》。

另有钞集四部阿含中法相而以"三分法"编纂便于记诵的《四阿含暮抄解》一种，二卷。此书系贤胄部世贤所抄，众军所解，苻秦时鸠摩罗佛提等译。其异译本有《三法度论》，三卷，东晋时僧伽提婆译。

自东汉安世高将大量小乘佛典译为汉文后，历代都有传译，到道安时，小乘佛典的传译又达到一个新的高潮。所译经典多是流行于北印度罽宾等地和西域北道如龟兹、车师前部等的说一切有部的经典。小乘佛教经典历代所译虽多，但汉人僧侣的研究著述甚少。

小乘佛教与大乘佛教同时传入中国，因大乘佛教更适宜中国社会传统，所以魏晋以后大乘风行，社会上更加注重大乘教义的介绍与研究。小乘佛教其戒律虽也为大乘佛教所接受，但大乘佛教更加注重入世教理的发挥阐明和理解。而小乘佛教自此便逐渐遭到冷落，鸠摩罗什还对小乘的义理开始进行较为系统的批判。道安虽精研自东汉安世高以来小乘的禅法、阿毗昙的经典，其小乘经典的注释等著作就达二十四种之多，但其大力研究宣传的却是大乘般若学说。

至隋唐以后，学佛者多以谈小乘为耻，各宗派皆贬斥《阿含经》是佛陀为根机浅者所说之法，致使《阿含经》束之高阁，湮没达千余年。

四部阿含之所以不得以普及，其原因梁启超归纳为四种："一、卷帙浩繁。二、篇章重复。四阿含中有彼此互相重复者，有一部之中前后重复者，大约释尊同一段话，在四阿含中平均总是三见或四见。文句皆有小小同异。三、辞语连犿。吾辈读阿含，可想见当时印度人言语之繁重。盖每说一义，恒从正面反面以同一辞句翻覆诠释。且问答之际，恒彼此互牒前言。故往往三四千字之文，不独所诠之义仅一两点；乃至辞语亦足有十数句。读者稍粗心，几不审何者为正文，何者为衬语。故极容易生厌。四、译文拙涩。《增》《中》二含，杀青于戎马之中，《中》虽再治，《增》犹旧贯。文义之间，译者已自觉不惬。《长》《杂》晚出，稍胜前作。然要皆当译业草创时代，译人之天才及素养，皆不逮后贤。且所用术语，多经后贤改订，渐成僵废。故读之益觉诘诎为病。"梁启超所言这四种原因，皆是表面，其根本是因为小乘教义与中国社会的抵触。

　　东汉末年印度的小乘佛教和大乘佛教同时被介绍到中国。以般若学说为基本内容的大乘空宗，因为在思想上与魏晋玄学有相似之处，所以得以迅速传播。同时，因魏晋南北朝的长期战乱，兵患连年不断，人民生活困苦，因此大乘佛教普度众生的思想成为人民希望之所在，所以大乘佛教很快成为中国佛教的主流。而小乘佛教注重追求个人自我解脱，强调通过修行达到阿罗汉果位。这种主张无法使中国社会的大多数阶层所接受，因此无法得以普及发展，最终只能以尘封的典籍形式得以保存，再也无人去对四部阿含进行注疏诠释了。

阿含是一种丛书，是站在一定立场以一定方针而将多数经典加以类聚编纂的，所以若对整个阿含来说，想整理其系统及一贯的原理，是非常困难的。但我们今天对阿含进行多角度多层次的深入研究，不仅是为了学术目的和宗教情怀，更重要的是其现实意义。

阿含经典首先是一部人间佛陀的言行集，也是一部巡礼记。其内容是有着一定的可靠性和现实合理性的，从中可以窥视到佛陀时代的历史现实，也可以看到佛陀极其自然而现实的人生哲学。佛陀观察真理，是从现实出发又回归于现实，四谛、十二因缘、五蕴、三法印等，都是实际性而又极具实行性的教理。由此我们从阿含经中就可较真实地认识到宗教产生的目的和出发点，及宗教存在的社会前提，从而为我们研究现代社会中宗教的价值、功能，宗教存在的历史必然性确定一种参照。

阿含的内容，具有丰富的历史和文化资料。其包含有法制、经济，畜牧、农林、工商、交通、贸易、货币、度衡、船舶的资料，还有如动物、植物、矿物等的名目、用途、分类法等自然科学方面的资料，此外还有一些有关药学或医学等方面的资料，由此可见，四部阿含实为东方文化一大宝藏。作为古印度的文化宝藏，自然也对中国传统文化有着广泛的影响，因此，在我们今天反思、弘扬中国传统文化，建立文化信仰的过程中，无论从哪方面对阿含进行研索，都有着一定的现实意义。

阿含经典，历来被错误地看成只是小乘佛教的经典，其实阿含经是佛教经典的母胎，后来大乘的经典如《般若经》《法华经》《华严经》《涅槃经》等都是从阿含经的精神发展而来的。大乘经典的形式、资料及其根本精神，没有不是采取自阿含经里的含意。如大乘佛教神化的佛陀观即是在阿含经内容基本上发展而来的。在早期佛教经典阿含经中虽然对佛陀已有不少神化，但总的来说仍把他作为一个教主看待，而随着佛教的广泛传播，佛教中的一部分僧侣为了吸收更多的信徒，扩大佛教的社会影响，也吸收了婆罗门教关于梵天的神化说教，对佛陀百般神化，甚至制造出永恒存在的法身佛的说法。他们将历史上的佛陀改造成为一个生来超凡离俗的神。这种佛陀观为以后大乘佛教直接继承，为大乘佛教各派创立种种以神化佛陀为特点的佛教教义和成佛理论奠定了基础。以致后来出现的《涅槃经》类，竟认为常、乐、我、净也是大神。

由此可见，大小乘佛教共同的渊源，佛教教理的基础，均在阿含经中，因此阿含是大乘经典的原型，是佛教经典的母胎。

　　如今，我们以现代人的视角，结合现代社会所存在的矛盾，去重新审视佛教，重新研究阿含，多少会给我们以新的启迪、新的思索。我们现在的社会是一个纷扰、充斥着矛盾与战争，甚至受着核威胁的社会，那么宗教，尤其是佛教在这个现代社会中有着其怎样的地位？对佛教的研究，对阿含的研究，对《增一阿含》的研究，多少能够为我们解决这一切而提供某些有益的线索。如佛教与政治、佛教与社会道德、佛教与医学伦理、佛教的妇女观、佛教的经济观、佛教与环境保存、佛教与核危机等等，若是我们从这样一种全新的视角重新去看看二千五百年前那位圣哲的社会观，也许是大有裨益的。

解说

在世纪之交的现代社会，《增一阿含经》所包含的佛教精神，对我们现实的社会人生具有怎样的意义和价值呢？

佛教作为一种本质上追求出世的宗教，之所以绵延不绝数千年，并在千百年间不仅对人们的思想和社会生活产生着深刻而广泛的影响，而且在慰藉人们的精神与心灵方面也起过极为重要的作用，究其根源，就在于它包含着许多积极合理的因素，反映了广大民众对生活的体验、理解和愿望。由此可见，佛教对现代社会生活的正常发展是可以起到某些特别的作用。

《增一阿含经》中的早期佛教教义，反映了创教伊始所既有的佛陀本怀，即对人类所具有的一份情怀、一颗最真挚的心，对世间所表现出的那种积极、活泼的态度。如"缘起""无我"等，皆与佛陀倡导的"种姓平等"思想有关，都是他针对当时古印度的种姓制度的神学基础而提出的，体现了佛陀关怀现实人生的情怀。若能充分体会佛陀的这种心声，再以现代人的观点加以阐释，仍可以影响、作用于我们的时代生活。

我们今天的世界，经常处于动荡、恐怖、紧张、猜疑之中。先进的科学技术所制造出的现代武器，足以造成不可想象的毁灭。人类对于自己所造成的一切，深感恐惧，亟须寻求某种解决的办法。而《增一阿含经》所反映早期佛教的某些主张倒是不无益处，它所宣扬的是和平、非暴、友爱、慈悲、容忍、不憎、自利、利他和尊重一切生命。

佛教虽是追求出世的宗教，但佛陀关心的不只是超越世俗的精神解脱，同时也关心着现实的政治、战争与和平。他提倡和平非暴，并以之为拯救人世的福音。他认为四海之内皆兄弟，不应你争我夺，生存的意义在于彼此相爱，倘若不分种族和信仰，大家互相敬爱，自然不会有纠纷。他不赞成暴力、杀戮和战争，战争意味着大量地杀人，因此参加反对战争的和平运动是佛教徒的职责。但世上的战争又有正义与非正义之分，反对压迫，制止侵略，维护和平的正义战争，也不该一概反对。佛陀不仅教化倡导和平非暴，更是亲赴战场劝阻战事发生。据《增一阿含经》二二九经载，当拘梨耶族与释迦族因争卢咽尼河水而准备诉诸干戈时，佛陀便出面劝导，阻止了琉璃王对迦毗罗卫的攻略。

佛陀不仅主张人类间的和平友爱，同时还主张对世出世间一切生命尊重和关爱。在他制定的佛教徒所遵守的最低限度的道德戒律中，"不杀生"即为首戒。所谓不杀生，不仅是指不杀人，也指不杀鸟兽蝼蚁、花草树木，因为它们同人类一样皆为生命体。"山川草木，悉皆成佛"，也是佛教慈悲精神的反映。

佛陀对现实政治亦很关心。他认为暴政和失治都与国家元首的不正治理有关。正是这种方式的治理，才使得人民受到压榨、掠夺、虐待、迫害、苛捐杂税与酷刑峻法。他认为要想国家治理得好，就应有好的治国方策。佛陀对这种不人道的措施，深感悲悯。为此，他曾对开明政治进行了一番研究，认为一个快乐的国家必须有一个公正的政府，而这种公正廉明的政府的实现，应遵循十王法，一国当政之人若具备这些德性，国家也就快乐了。在《增一阿含经》第四七一经中，即说王当以法、以理治化，莫以非法、非理。

在对待世间众生上，佛陀是以平等心来看待的，认为一切众生都是平等的。如第二六〇经中所说：四姓剃除须发，以信坚固出家学道，便灭除本名，同为释姓，

平等相待无有高下之分，如大河入海，无复本名，皆名
为海。后世佛教便是继承了佛陀的这种平等思想，不但
没有出现过宗教迫害和异端裁判，相反各宗各派都有绝
对的自由发言权，还可以批评其他宗派的主张。这种平
等精神在其他任何宗教里是不可思议的。佛陀在世时，
也认为自己和其他教徒是平等的，都是真理的追求者。
因此，对佛陀的话是可接受也可不接受的。

佛陀正是以这种宽容、平等、民主的态度宣扬其思
想，主张遇事应反求诸己，不要和别人起对峙心，应以
平等、忍让、悲悯、仁慈来对待他人，人与人之间这样
地平等相处，才能有和谐、愉快。佛陀的教理就是超越
种族和宗教的区分，始终以平等的精神怜爱众生。佛陀
的这种精神往往是从解脱论的角度出发，强调众生在解
脱面前是平等的，其中所体现的就是一种基本的平等精
神。这无论在古印度，还是当今世界，都具有积极的意
义。

《增一阿含经》以较多的篇幅阐发了佛教关于因果
报应的重要理论。这里所强调的，一是"业惑"，一是业
报的"轮回"，即"自作自受"。通过这种业报轮回说，
佛陀便将人未来命运和遭遇的主动权交回到人们自己的
手里，善有善报，恶有恶报，把人们引向了止恶从善的
人生道德实践。第五八经中即说：人心应常念善想，只

有心念善，才会生善行得以生天上。佛陀临终时也告诫人们，要以自己为明灯和依据，要以法为明灯和依据，不要依赖他人。佛教揭示了业报轮回的人生奥秘，强调个人造业的作用，把现世的福祸归结于前世所造的业，而现世所造的善业恶业，死后善得福报，恶得祸报，赏善罚恶，丝毫不爽。一切自作自受，每个人都要为自己的行为负责。这在客观上对人们的行为有一定的劝诫和约束作用。由此说明人的命运皆掌握在自己手中，肯定了人的努力与进取，强调人可以通过自身的不懈努力来实现其美好的人生理想。这对现实的社会人生显然是有意义的。

《增一阿含经》以一首著名的偈语来阐释佛教，即："诸恶莫作，众善奉行。自性清净，是诸佛教。"这里，佛教被解释成一种劝人向善的宗教，善恶观涵盖了佛教的全部教义。这不仅是要说明关于善恶的道德评价在佛教中有着重要地位，也是基于"人生皆苦"的价值判断，将人们引向"诸恶莫作，众善奉行"的人生道德践履。同时，又提倡对万事万物不要起贪着之心，以保持人自然清净的本性。

佛教的道德观是以缘起论为出发点的。宇宙间一切现象和事物的产生和灭失，都离不开因果关系。经说："此有故彼有，此无故彼无，此生故彼生，此灭故彼灭。"这说明了事物之间相互依存的关系。即人生的通达与坎坷，皆是因缘所定，绝不是偶然。人生虽苦，但既已为人，就要积极地走完人生之路。人若想得到善报，除断人生的痛苦，得以精神解脱，就要"诸恶莫作，众善奉行"，发扬佛教的道德规范。代表佛教生活方式的八正道，是没有任何分野的，是为一切人而设的。

佛教把无明和贪欲视为人生痛苦的根源，其中，无明是指不明缘起的状态，人因无明而贪着。若能明了缘起，也就脱离了无明。这是《增一阿含经》的根本精神。人若行善应顺其本性而行，应是自己怜悯心和慈悲心的自觉流露，而不应是一种外在的追求，不应是为行善而行善。佛教就是呼吁人们不要为名利所诱导、为物欲所污染和蒙蔽，要求人们应保持心情的平和与宁静。因为人的欲望是无止境的，正当的合理的欲望固然要肯定，但过分的贪欲却往往是既害人又害己。若能常以佛教的"不执着"来调控心境，超然处世，是有益于社会和人生的。

《增一阿含经》的佛教教理是把止恶扬善的道德观建构在自尊、如法、利生的基础之上，其善恶行为的道德标准，一是体现在自我修养的要求上，一是体现在对众生的态度上，而最终是以利他为归趣的。佛教的利他，讲究慈悲心、慈悲行，即以慈悲为本，拔苦为乐，利乐一切众生，救济一切众生，为普度众生而自我牺牲。《增一阿含经》在四部阿含中最先阐释了菩萨精神与六度万行法，要求每个人做到自觉觉他，自利利他，上求佛道，下化众生。自利，即通过奉行五戒、十善，以清净自身本性；利他，即通过广修四摄六度，以利益社会人群。甚至要以他为己，把自身融入众生之中。这里，佛陀正是要启发人类伟大的同情心，导引人们去发扬无私奉行、大慈大悲的菩萨精神。这一点，对我们今天增进人与人相互间的理解、友爱、帮助也是大有裨益的。当然，注重个人对社会人类的贡献，首先是以个人自身道德修养为基础的。正如经文所说："自己没溺，复欲渡之者，终无此理。……自不没溺，便能渡人，可有此理。"

佛教的出世从根本上说，追求的只是一种精神上的超越与升华，而并不是要绝对地排斥入世。佛教对人生既是否定，又是肯定；既主张出世，又主张入世。佛陀在其三十五岁得解脱之后，仍仆仆风尘，以济世度人为职志，至死方休，一刻也没有脱离人间。因此，他被佛教徒视为在世超世而入世的楷模。可见，那种悲观厌世无所作为的遁世思想并不是佛教真正所提倡的。

在价值多元的现代社会中，人文淡泊，道德危机，现代化的负面日益显露，社会无法进行有序和谐的发展。因此，就需要借助佛教的解脱之道，来净化社会和人生。在现代社会里，物质生活愈来愈富足，人类变得愈被物质所羁绊，人已成为物质的附属品。现代生活节奏加快，使得人们在精神上感到空虚、焦虑、困惑和烦躁。人类在物质面前产生了迷惘，丧失了自己。可见，物质生活的富足并不能使人完全满足，人在追求物质需要的同时，也需要精神上的充实。而佛教的无常、无我便否定了人对物质的执着追求，让人们了解生活中所有的物质存在都是有限的和虚幻不实的，从而引导人们转而去追求内心的自由和安详。佛教的人生哲学就是让人们树立起那种了解生活并接受生活的人生态度。佛教认为，人们应该以豁达淡泊、乐天安命、顺应自然的心境来面对人生种种吉凶祸福的无常变化。诸行无常，是指宇宙间一切现象都没有恒常的存在，人生无常，名利无常，对于名利等，应淡泊处之，不必刻意钻求。恬淡寡欲，知足常乐，就能使自己内心清净，安闲自在，真正感受无穷的乐趣。

佛教认为，人生是由无常连贯而成的，无论碰到顺境还是逆境也都是常变的，逆境不会一直停留在逆境上。逆境过后是坦途，只有以佛教那种压力下仍保持不变的坚忍态度，通过不懈的努力，使自己抛弃颓丧和失意，勇敢地迎接逆境，才能走出逆境。

在现代社会生活中，疾病、天灾、战乱、破产、失业和死亡常常给人们带来恐惧，使人们感到困惑迷茫，无从掌握自己的命运，从而才借助佛教来实现内心的平衡。当人们理解幻灭、希望落空、自信崩溃、尊严难持之际，佛教则教人舍弃外在自由，转而选择内在自由为价值目标，认为内在自由高出于外在自由之上，是真正的自由。所以，只有求得本心的清净恬淡，才能获取内在生命的自由。而独善其身、保养身心、自然适意，是本心清净的必要条件。

参考书目

1.《中国佛教史》（一、二卷） 任继愈主编，中国社会科学出版社一九八五年版。

2.《中国佛教研究史》 梁启超著，上海三联书店一九八八年版。

3.《中国佛教》（二、三册） 中国佛教协会编，知识出版社一九八九年版。

4.《印度佛教史》（英）渥德尔著，商务印书馆一九八七年版。

5.《印度佛教史概说》（日）佐佐木教悟等著，复旦大学出版社一九八九年版。

6.《印度佛学源流略讲》 吕澂著，上海人民出版社一九七九年版。

7.《印度部派佛教哲学史》 李世杰著，弥勒出版社一九八五年版。

8.《佛教的起源》 杨曾文著，今日中国出版社一九九二年版。

9.《早期佛教与基督教》（加拿大）刘在信著，今日中国出版社一九九一年版。

10.《原始佛教的语言问题》 季羡林著，中国社会科学出版社一九八五年版。

11.《南传佛教巴利文献简介》 净海著，弥勒出版社一九八五年版。

12.《佛教梵语圣典概观》（日）渡边海旭著，弥勒出版社一九八五年版。

13.《佛典泛论》 吕澂著，弥勒出版社一九八五年版。

14.《佛学讲义》 高观如著，弥勒出版社一九八五年版。

15.《新编汉文大藏经目录》 吕澂编，齐鲁书社一九八一年版。

16.《儒佛道与传统文化》《文史知识》编辑部编，中华书店一九九〇年版。

17.《佛教典籍百问》 方广锠著，今日中国出版社一九八九年版。

18.《高僧传合集》（梁）慧皎等著，上海古籍出版社一九九一年版。

出版后记

　　星云大师说："我童年出家的栖霞寺里面，有一座庄严的藏经楼，楼上收藏佛经，楼下是法堂，平常如同圣地一般，戒备森严，不准亲近一步。后来好不容易有机缘进到藏经楼，见到那些经书，大都是木刻本，既没有分段也没有标点，有如天书，当然我是看不懂的。"大师忧心《大藏经》卷帙浩繁，又藏于深山宝刹，平常百姓只能望藏兴叹；藏海无边，文辞古朴，亦让人望文却步。在大师倡导主持下，集合两岸近百位学者，经五年之努力，终于编修了这部多层次、多角度、全面反映佛教文化的白话精华大藏经——《中国佛教经典宝藏》，将佛教深睿的奥义妙法通俗地再现今世，为现代人提供学佛求法的方便途径。

　　完整地引进《中国佛教经典宝藏》是我们的夙愿，

三年来，我们组织了简体字版的编审委员会，编订了详细精当的《编辑手册》，吸收了近二十年来佛学研究的新成果，对整套丛书重新编审编校。需要说明的是此次出版将丛书名更改为《中国佛学经典宝藏》。

佛曰：一旦起心动念，也就有了因果。三年的不懈努力，终于功德圆满。一百三十二册，精校精勘，美轮美奂。翰墨书香，融入经藏智慧；典雅庄严，裹沁着玄妙法门。我们相信，大师与经藏的智慧一定能普应于世，济助众生。

东方出版社

图书在版编目（CIP）数据

增一阿含经／耿敬 释译 . —北京：东方出版社，2018.8
（中国佛学经典宝藏）
ISBN 978 - 7 - 5060 - 8655 - 4

Ⅰ.①增…　Ⅱ.①耿…　Ⅲ.①阿含②《增一阿含经》—注释③《增一阿含经》—译
文　Ⅳ.①B942.2

中国版本图书馆 CIP 数据核字（2015）第 267893 号

本书中文简体字版权由上海大觉文化传播有限公司独家授权出版
中文简体字版专有权属东方出版社

增一阿含经
（ZENGYI AHANJING）

释 译 者：耿　敬
责任编辑：王梦楠
出　　版：东方出版社
发　　行：人民东方出版传媒有限公司
地　　址：北京市朝阳区西坝河北里 51 号
邮　　编：100028
印　　刷：北京市大兴县新魏印刷厂
版　　次：2018 年 8 月第 1 版
印　　次：2020 年 11 月第 2 次印刷
开　　本：880 毫米 × 1230 毫米　1/32
印　　张：11.5
字　　数：202 千字
书　　号：ISBN 978 - 7 - 5060 - 8655 - 4
定　　价：55.00 元
发行电话：（010）85924663　85924644　85924641